W0055855

Helmut A. Gansterer

DARF MAN SICH'S URGUT GEHEN LASSEN?
Wo es doch allen so schlecht geht.

Helmut A. Gansterer

DARF MAN SICH'S URGUT GEHEN LASSEN?

Wo es doch allen so schlecht geht.

ecoWIN

Helmut A. Gansterer
Darf man sich's urgut gehen lassen?
Wo es doch allen so schlecht geht.

MIX
Papier aus ver-
antwortungsvollen
Quellen
FSC® C012536

Das für dieses Buch verwendete FSC-zertifizierte Papier
EOS lieferte Salzer, St. Pölten.

1. Auflage
© 2013 Ecowin Verlag, Salzburg
Umschlaggestaltung: Saskia Beck
Gesamtherstellung: www.theiss.at
Printed in Austria
978-3-7110-0052-1

1 2 3 4 5 6 7 8 / 15 14 13

www.ecowin.at

Den schöpferisch wertvollen,
gleichwohl unbarmherzigen Begleiterinnen
dieses Buchprojekts:
Christina Kindl (Verlag)
Martina Gansterer (Studio)

Leserhinweis

Um die Lesbarkeit des Buches zu verbessern, wurde darauf verzichtet, neben der männlichen auch die weibliche Form anzuführen, die gedanklich selbstverständlich immer mit einzubeziehen ist.

OUVERTÜRE
Einstimmende musikalische Sätze aus Interviews, Gesprächen und TV-Talks des Autors

„Vergnügen ist vernünftig, solange es keine leere Routine wird. Wir dürfen uns nicht zu Tode amüsieren."
Neil Postman

„Sprächen wir weniger oft vom Glück, könnten wir öfter glücklich leben."
Konrad Paul Liessmann

„*Armut für Alle* finanziert kein Sozialprogramm. Eine faire Verteilung des Wohlstands jedoch wird immer die vornehmste Aufgabe der Wirtschaftspolitiker sein."
Horst Knapp

„Wie es sich mit 50 Milliarden Dollar so lebt? Klass – wenn man anständig damit umgeht."
Bill Gates

Inhaltsverzeichnis

SOLL UND HABEN

Gastautor Phil Waldeck:

MÄNNER UND MOTOREN

VOGELSCHAU
Eine Bedienungsanleitung

„Glattes Eis, ein Paradeis,
Für den, der gut zu tanzen weiß".
Vorspiel zu Nietzsche:
„Die fröhliche Wissenschaft"

*E*s mag sinnvoll sein, die innere Natur dieses Buchs zu enthüllen. Es könnte manche der klugen Leserinnen und schönen Leser vor Nervenzusammenbrüchen bewahren. Beispielsweise jene, die verlangen, dass jede Lebensfrage mit religiösem Ernst behandelt wird.

Diese Einstellung, wiewohl ehrenwert, steht dem Autor nicht zur Verfügung. Eher das Gegenteil. Ich kann die Anmaßung, DARF-MAN-Fragen zu beantworten, überhaupt nur rechtfertigen, indem ich einen Schreibstil wähle, der das Ideal einer „homerischen Heiterkeit" anstrebt. Darunter versteht man ein Lächeln über alles Irdische, eine gewisse Distanz und eine Selbstironie, die alle Möglichkeiten des Irrtums einschließt.

Wer diesen Versuch einer Leichtigkeit grundsätzlich als Leichtfertigkeit missbilligt, darf nicht ermutigt werden, weiterzulesen.

Er wird aber meist schon durch das Wort „urgut" im Titel verloren gegangen sein. Diese Sprachschöpfung der heutigen Jugend ist nicht schön, aber interessant. Sie reicht über das normale „gut" hinaus. Sie weist in tiefere Tiefen eines Lebens-Stils eigenen Zuschnitts. Überdies lockt das Wort Jugendliche an, die mit noch größerer Unsicherheit als die Erwachsenen durchs Leben gehen. Weitere Kinderwörter wie „urgeil" blieben ungenützt.

So viel zu stilistischen Erwägungen. Nun zu einem merkwürdigen Phänomen. Durch die spezifische Eigenart unserer Neuzeit seit dem Millennium 2000 wurde dieses Buch zu zwei Büchern. Eines über heutige Höflichkeit, ein zweites über heutige Freiheit.

*Z*uerst zum *Freiheits*-Aspekt. Selbst den vernünftigen persönlichen Freiheiten, wie sie für den Wohlstand und damit den Sozial-Frieden notwendig sind, droht die Beschneidung. Die Zahl der blind oder berechnend Fluchenden wächst. Sie wettern gegen jeden Frohsinn, jede lächerliche Unkorrektheit, jedes persönliche Streben – und damit gegen die Menschen-Natur, die wie ein Flugzeugflügel federn will. Wird sie zu steif gemacht, bricht sie. Am Ende stünden Tristesse und *Armut für alle*.

Gottlob gibt es eine Allianz der Vernünftigen quer durch alle politischen Parteien guten Willens. Jeder von ihnen weiß, dass in der „Epoche der Gier" und des „Wertpapier-Wahnsinns" die Schere Arm-Reich zu weit aufsprang. Alle arbeiten an der Korrektur. Es geht auch voran. Aber quälend langsam, weil der ideale Rückweg schwierig zu finden ist. Nur für Deppen ist alles einfach.

Mein politisches Mitleid gilt den Grünen. Sie haben historisches Verdienst als Wachrüttler. Ihre Führungspersonen kennen jetzt alle ökonomisch-sozialen Zusammenhänge. Und haben trotz schöner Wahlerfolge zwei Probleme. Intern: die beharrlichen Basis-Grünen mit Tunnelblick. Extern: Das Aufgreifen des *Umweltschutzes* und der *Naturliebe* (inklusive des Mitleids mit Tieren) durch die etablierten Großparteien.

In diese wurlerte politische Welt spielen die Fragen dieses Buchs zum Thema: DARF MAN noch persönliche Freiheiten einfordern?

*V*iel unbeschwerter ist das ursprüngliche Buch im Buch, jenes der *Höflichkeit in der Gegenwart*. Es setzt die bisherigen Bände des DARF-MAN-Zyklus fort, der den Übertitel „Knigge des 21. Jahrhunderts" trägt.*

Hier geht es um moderne Alltags-Fragen, die bei Freiherrn Adolph Franz Friedrich Ludwig Knigge (1752–1796) noch nicht drängten. Ob man beispielsweise Liebesbriefe *simsen* (also per Handy und SMS schicken) dürfe, hat diesen ehrwürdigen Ignoranten nie interessiert. Genauso wenig fand ich Fragen dieser Art in den gegenwärtigen Benimm-Führern, wie sie am besten Thomas Schäfer-Elmayer verfasst. Ich schätze diesen Kollegen, habe ihn sogar herzlich gern, seit wir in getrennten Kategorien den „Buchliebling" (den *Oscar* der österreichischen Buchleser) abräumten und danach in vorbildlicher Haltung ein Glas Wein tranken. Ich empfehle seine Werke für alle, die in Gesellschaft nicht unangenehm auffallen wollen. Eine große Hilfe, im Detail auch witzig.

Die DARF-MAN-Bücher sind gleichwohl eine Auflehnung. Sie verlangen keinen Gehorsam in Benimm-Paragrafen, sondern in erster Linie Herzensbildung. Dazu noch Stolz und Selbstständigkeit sowie eigenen Stil auch in neuesten Fragen, die nichts mit Besteck (von außen nach innen) und der idealen Kleidung für Jäger-Bälle zu tun haben.

Da geht es nicht um Anpassung und Karriere-Sinn. Fantasie und Emotion haben Auslauf. Wer allzu fest mit beiden Beinen auf der Erde steht, kann nicht mal die Hosen ausziehen. Da geht doch einiges verloren.

Die Website *www.gansterer.at* bietet alle Com-Zugangsdaten, auch für gelbe Post. Jede strenge Kritik und herzliche Zustimmung auf die Antworten in diesem DARF-MAN-Buch ist willkommen, als Futter fürs nächste.

Herzliche Grüße – Der Autor

*„Darf man per E-Mail kondolieren?" (Pichler und Piper-Taschenbuch), „Darf man als Nackerter ins Hawelka?" (Molden), „Der neue Mann von Welt" (Molden und Piper-TB).

TITELFRAGE
Darf man sich's gut gehen lassen?

*J*A. Ein deutliches JA. Kein schamhaftes JA, kein verzwicktes JA mit hundert „Wenn und Aber", sondern ein entschiedenes JA.

Allerdings ein JA, auf das man sich erst einigen kann, wenn man alle Aspekte gründlich mit Freunden (und mit sich selbst) diskutiert hat. Diese DARF-MAN-Frage steht in einem höheren Rang. Sie übersteigt den heiteren Knigge-Klang der anderen Fragen. Sie berührt auch Dunkles. Und zählt zu den FAQ, den *frequently asked questions.*

Die Medien stellen die moralische Frage der Berechtigung des Gut-gehen-Lassens gern in Sonntagsbeilagen. Menschenverbesserer stellen sie eigentlich immer. Und man stellt sie auch sich selbst, als begleitenden Schatten in Momenten der höchsten Lebensfreude. Jeder Gutwillige trägt einen Scham-Mantel, der ihn zwickt.

Deshalb kam diese Frage auch als Hauptfrage auf den Umschlag, samt wichtigem Untertitel: *„DARF MAN SICH'S URGUT GEHEN LASSEN? Wo es doch allen so schlecht geht."*

*R*outinierte Fernseher erinnert die Frage an die deutsche TV-Serie „Der ganz normale Wahnsinn". Deren

Untertitel lautete: „Warum es dem Einzelnen so schlecht geht, obwohl es uns allen so gut geht".

Klingt ähnlich wie unsere Frage, ist aber das Gegenteil. Damals, in den späten 1970er-Jahren, wurde der Wohlstand als flächendeckend empfunden. Armut war kein Thema. Eher jene Idioten, die unglücklich waren, weil sie nicht noch reicher und „society"-berühmter waren.

Das ist heute anders. Die Stimmlage schwenkte vom damaligen *Dur* aufs heutige *Moll*. Viele glauben sogar, der Wohlstand sei seither kleiner geworden. Er wurde aber größer. Der Mittelbau steht in Eigentums-Wert und Verdienst besser da als damals, fühlt sich aber von zwei Klingen einer Schere bedroht, die am Wohlgefühl schnipselt.

Gewissenhafte leiden unter immer mehr immer ärmeren Armen, und Ehrgeizige unter immer mehr immer reicheren Reichen. Warum diese Schere sich in einer „Epoche der Gier" öffnete und wie man sie jetzt wieder schließen will, kann in guten Medien nachgelesen werden, beispielsweise in meinen journalistischen Stamm-Medien *trend* und *profil*. Das ist starker Stoff und später vielleicht ein weiteres Buch.

Hier aber interessiert das Recht des Mittelstands-Bürgers, sein eigenes Leben noch mit gutem Gewissen zu leben.

*D*ialektisch gesehen, gibt es zwei Extrem-Positionen. Einerseits die *These* der Weltfremden, man müsse sein Hab und Gut so lange verteilen, bis es keinen Ärmeren mehr gibt. Anderseits die *Anti-These* der Zyniker, nichts zu geben, weil jedes Geschenk demütige und schwäche.

Beide zerstören die Gesellschaft. Die These, weil sie *Armut für alle* schafft, und zwar auf Dauer, da sie den Leistungswillen der Nehmenden *und* der Gebenden auf null senkt. Die Anti-These, weil eine unbarmherzige Zivilisation auf Dauer durch Selbst-Ekel und Revolution vernichtet wird.

Gottlob ist die *Synthese* einer *fühlbaren Harmonisierung* der klugen, schweigenden Mehrheit angenehm. Man gibt sich Mühe, die Täler der Armen materiell aufzuschütten und dort, wo es geht, ihre Re-Integration in ein stolzes Bürgerleben zu fördern. Es passiert diesbezüglich mehr, als bekannt wird. Viel läuft leise über die „Caritas". Sie steht mit Recht in gutem Ruf, auch als grenzüberschreitender Entwicklungshelfer. Schon vor Jahren erkannte ich als gewählter *Controller* der Medien „trend", „profil", „Kurier" und Ö3, dass im tiefsten Gambia jede Lieferung ankam. Dies gilt extrem streng auch weiterhin unter Franz Küberl, der sich als erster säkularer Präsident bewähren muss.

Auch Reiche sind fairerweise zu loben. Nicht jeder wird wie Jean Paul Getty geiziger, je mehr er hat. Internationale Gegenbeispiele sind Microsoft-Boss Bill Gates und Warren Buffett. Auch in unseren Ländern – Österreich, Deutschland, Schweiz – sind Reiche wohltätig zugange. Vor allem aber viele Mittelstands-Unternehmer und Privatiers mit unendlich vielen Initiativen.

*D*ie meisten der Amateur-Initiativen versiegen allerdings. Das liegt wahrscheinlich in meinem Arbeitsbereich begründet, den Verlagen, Medien, Journalisten. Man wurde müde, die Wohltätigkeit zu begleiten. Man übertrug, wenn überhaupt, das Thema dem jüngsten Volontär, nicht dem Chefredakteur als Leuchtfackel.

Das mag daran liegen, dass elitäre Medien nicht mehr über Charity-Dinners von geistig unauffälligen Society-Sonnenblumen berichten wollten, die ihr Blütenhaupt nach der Sonne der Kamerablitze richteten.

Zur DARF-MAN-Titelfrage, wie „urgut man sich's gehen lassen darf, wo es vielen so schlecht geht", bestand der ECOWIN-Verlag auf einer Zeichnung. Sie zeigt den Buchautor als Freund luftiger Automobile im Cabrio. Das ist noch kein Skandal. Andere Buchautoren und Zeitungs-Kolumnisten kennt man nur per Matura-Porträt.

Der Skandal liegt erstens im Cabrio. Ein *Cabrio* oder *Roadster* oder *Kabriolett* ist, wie jeder Alt-Grüne weiß, die finale Dekadenz des Volksfeinds Auto. Es bringt den ansteckenden Pesthauch einer Frischluft-Fröhlichkeit. Und braucht wegen des schlechteren Cw-Wertes einen „vollen halben Liter mehr" auf hundert Kilometer als die verlötete Version mit festem Dach.

Der eigentliche Skandal liegt zweitens im Baseball-Käppi. Dieses zeigt, dass ich als Pilot in der *Ennstal-Classic-Rallye* meines Kollegen Helmut Zwickl (als „Kurier"-Formel-1-Reporter eine Welt-Legende) unbezahlbare Millionenwerte von Museums-Rennwagen fuhr, darunter die Böhringer-Pagode von Mercedes (Sieger der Rallye Sofia–Lüttich) und den C-Type von Jaguar (Sieger von Le Mans 1953).

Dergleichen stößt auf reinen Ekel der alten grünen Garde. Die jungen, ganzheitlich gebildeten Grünen, denen die Zukunft gehört, schweigen schon nachsichtig lächelnd auf die folgende Frage: „Ist der Versuch, historische Skulpturen durch sachgerechte Bewegung gesund zu halten, die so schön sind wie Wotrubas *Kirche*, nur halt 250 km/h schneller, schon eine Sünde wider die Fragen *arm & reich* und *krank & gesund* und *nützlich & schädlich*? Hilft es wirklich weiter, wenn man jede Lebensfreude bekämpft? Und wenn ja, wie und warum?"

Archimedes sprach davon, einen festen Punkt zu brauchen, um die Welt aus den Angeln zu heben. Vielleicht liegt dieser feste Punkt für Weltverbesserer in einer Lebensfreude und dem Wunsch, diese auch für die Kinder zu sichern. Und nicht in der Natur der alten Bitteren, die alles hassen, was derzeit noch lacht.

HEIKLES UND EXOTISCHES
Gutes Benehmen in Randgebieten

Darf man als Autor das Binnen-i verweigern?

*J*A.
Mag sein, dass man erklären sollte, worum es dabei geht. Jeder kennt zwar das sogenannte Binnen-i, aber nicht jeder muss wissen, dass es so heißt.

Binnen-i bezeichnet ein großes „I" mitten in einem Benennungswort, wie beispielsweise in SchaupielerInnen, SchriftstellerInnen oder AutofahrerInnen.

Früher schrieb man einfach die männliche Form (zum Beispiel Schauspieler). Die Leser dachten sich automatisch die weiblichen Formen dazu (Einzahl: Schauspielerin, Mehrzahl: Schauspielerinnen).

Irgendwann protestierten bewegte Frauen. Sie geißelten dies als Relikt männlichen Herrschaftswahns. Im Sinne der Emanzipation und Geschlechter-Fairness erfanden und verlangten sie das Binnen-i und drohten Boykott aller Zeitungen und Buch-Verlage an, die nicht gehorchten.

Weicheier gaben unverzüglich nach, darunter viele Journalisten, Schriftsteller-Freunde und ich. Zwar begriffen sie das Binnen-i als unschön, sogar als brutale, ästhetische Entstellung des gewohnten Schriftbilds, wollten aber ihren Beitrag zum Geschlechterfrieden leisten. Sie hatten aber die Rechnung ohne die LeserInnen gemacht. Diese, vor allem auch Frauen, protestierten gegen „die hässliche Hürde" und „Lesefreude-Bremse". Sodass die meisten Autoren und Medien erleichtert zur alten Form zurückkehrten.

Eine kluge, besänftigende und schöne Erklärung dafür setzte Markus Hengstschläger an den Anfang seines Bestsellers „Die Durchschnittsfalle" (Untertitel: Gene – Talente – Chancen, 2012). Er schrieb: „Um die Lesbarkeit des Buches zu verbessern, wurde darauf verzichtet, neben der männlichen auch die weibliche Form anzuführen, die gedanklich selbstverständlich immer mit einzubeziehen ist."

Erst als der tapfere Genforscher und Freund Hengstschläger vorangegangen war, wagte auch ich die Rückkehr zur klassischen, männlichen Schreibweise. Sollte in diesem Buch noch irgendwo das Binnen-i auftauchen, ist es als Echo meiner Angst vor Emanzen zu lesen.

Politiker sagen in Wahlreden, wo sie weder Platzprobleme noch optische Probleme kennen, in jedem zweiten Satz zur Sicherheit „Liebe Wählerinnen und Wähler". Nur Bundespräsident Thomas Klestil selig war auch als Redner auf halbem Weg zu einer Art Binnen-i beziehungsweise Binnen-R. Er entzückte Kabarettisten mit seiner Anrede „Liebe Österreicher und Rinnen".

Darf man Komplimente übertreiben?

*D*ie Frage kommt aus der dünn besiedelten Jungfrauen-ecke unseres Frage-Pools. Die Frauen der dichter be-siedelten Sünder-Ecke heulen entzückt auf. Sie kennen die Antwort: NEIN.

Eine Frau, die immer noch glaubt, dass man Kompli-mente übertreiben könnte, hat nicht alle Strapse am Strumpf. So eine „träumt in der Pendeluhr", wie die le-gendäre Gründerin der *Bonbonniere Bar*, Elfriede Gabriel, sagte.

Sie und alle anderen lebensfrohen Sünderinnen wussten seit jeher, dass Komplimente nur dann Wir-kung zeigen, wenn sie übertrieben werden. Ein ver-meintlich kluges Kompliment, das die Wirklichkeit nur schwach schönt, um extra glaubwürdig zu sein, ist praktisch eine Beleidigung. Es unterläuft das Selbst-bildnis der Komplimentierten, die sich ja im eigenen Spiegel schöner und klüger sieht.

Wie übrigens auch jeder Mann. Auch er dreht sich, wenn er sich unbeobachtet fühlt, im Spiegel in jene Richtung, in der er am besten aussieht. Und so wie die Damen liebt er die seltenen Restaurants, die gebräunte Spiegel in den Waschräumen bieten.

Als bestes Beispiel nenne ich das Donau-Restaurant Tuttendörfl. Wie der „Sodoma" in Tulln steht es im Verdacht, das beste Gasthaus der Welt zu sein. Männer sitzen dort wie Tom Sawyer und Huckleberry Finn am Mississippi, also um zwanzig Jahre jünger. Die vom Tuttendörfl-Chef Günther Gass gehängten Sepia-Spiegel in den Toiletten machen um weitere zehn Jahre jünger. Jeder männliche Gast fühlt sich also von vornherein um dreißig Jahre jünger. Da bleibt für männersuchende Frauen wenig Spielraum für Komplimente. Man sagt aber, dass im Tuttendörfl viele gute Ehen ihren Anfang nahmen. Das liegt daran, dass man die Komplimente auf andere Bereiche als das Alter verlagern musste. Frauen lobten Männer endlich für ihre Lebensphilosophie, Männer die Frauen endlich für ihre Intelligenz. Und alle übertrieben in ihren Komplimenten, um sie zu schärfen. So ging alles gut.

Darf man Dialekt sprechen, ohne als dumm zu gelten?

*E*s gibt den krassen Fall, wo man die Frage sogar umdrehen muss: Darf man Hochdeutsch sprechen, ohne als dumm zu gelten? Das gilt für Landstriche, in denen mit größter Verliebtheit und praktisch ausschließlich Dialekt gesprochen wird. Dialekt ist dort der wichtigste Stempel für Zusammengehörigkeit und spontanes Vertrauen. Wer beispielsweise in Tirol oder Kärnten nicht Tirolerisch („bischt a Tirola, bischt a Mensch") oder nicht Kärntnerisch („Lei lafn losn") spricht, obwohl er die lokale Sprechfarbe beherrscht, ist umnachtet.

Wer dort ohne Notwendigkeit Hochdeutsch spricht, verliert den Vorteil einer natürlichen Sympathie. Er handelt sich den Nachteil ein, zunächst wie ein Säbelzahntiger als fremdes, gefährliches Raubtier wahrgenommen zu werden.

Dies gilt allerdings nur für den Fall, dass man den jeweiligen Dialekt wirklich gut, am besten ideal beherrscht. Denn noch schlimmer als ein „Hochdeutscher" wird jeder eingestuft, der sich mit hölzern eingeworfenen Dialekt-Brocken beliebt machen will. So einer wird schnell als Einschleimer und Arschkriecher empfunden. Während der reinlich hochdeutsch Sprechende zwar fremd wirkt und zunächst Widerstand weckt, aber wenigstens als Aufrichtiger gilt, der halt aus Gefilden kommt, wo man komisch und gestelzt die Fremdsprache Hochdeutsch spricht.

Generell empfiehlt sich, die Frage des lokalen Dialekts als Gast eines Dialektbundeslandes (egal, ob in Österreich, Deutschland, Schweiz) entspannt anzugehen. Zwar braucht man als „Hochdeutscher" länger, um anerkannt zu werden, doch am Ende einer langen Abenddiskussion oder einer versoffenen Nacht entscheidet doch die Persönlichkeit, die sich über alle Sprachgrenzen hinweg mitteilt.

Jetzt zur eigentlichen, zentral gemeinten Frage, ob man, ohne als dumm zu gelten, den eigenen ländlichen Dialekt in Städte wie Wien, Berlin und Zürich verschleppen darf, wo es zwar auch kräftige Dialekte gibt, aber das Hochdeutsche als Normalsprache akzeptiert wird und als Kultursprache gilt. Hier ist Vorsicht geboten.

Die Antwort lautet logisch NEIN, wenn der eigene Dialekt so tief ist, dass keine Verständigung möglich wird. Dann unterscheidet man sich nicht von Zulus, die eine Zungenschnalzsprache pflegen. Ich darf dieses Beispiel korrekt so nennen, weil ich als gern gesehener Gast und Interviewer des Zulu-Königs Mangotsu Buthelezi diese heitere Sprache kennenlernte und begriff, dass es zu ihr keine Brücke gibt. Mangotsu selbst, in Harvard ausgebildet, sprach mit mir Englisch.

So ist auch das Hochdeutsche in den deutschsprachigen Städten von A-CH-D als hilfreiche *lingua franca* zu loben, die jeder gut versteht – wie mittlerweile das Englische in allen Weltmetropolen. Kurz gesagt: Man sollte Hochdeutsch können, zumal es eine schöne Sprache ist und weltweit sogar als „Sprache der Dichter" gelobt wird, wie das Englische als „Sprache der Technik" und das Französische wegen seiner Doppeldeutigkeiten als „Sprache der Diplomatie".

Nicht Hochdeutsch zu können, wird daher letztlich mit Recht als Unbildung empfunden, und als Dummheit insofern, als es gescheit wäre, sein Hochdeutsch zu pflegen. Wie sollte man sonst in der Schule gute Referate sprechen, den Kindern gute Bücher vorlesen und mit Touristen reden können, die oft ein gutes Deutsch, aber sicher keinen Dialekt sprechen und schon gar nicht verstehen.

*W*ichtig ist zuletzt auch, einen Unterschied zwischen Dialekt-Sprache und Dialekt-Färbung zu machen. Kein Zufall, dass die DARF-MAN-Frage von einer Ecowin-Mitarbeiterin in hohem Rang kam, die sich Sorgen machte, weil man ihr Herkunftsbundesland hört. Sie kann unbesorgt sein, weil sie perfektes Hochdeutsch spricht. Die exotische Klangfarbe, gewissermaßen der

Akzent, wird ausnahmslos als bezaubernd geachtet. Prominente Kärntner wie Udo Jürgens kämpfen bewusst gegen den Verlust ihrer Kärntner Klangfarbe, wie Tobias Moretti gegen den Verlust der tirolischen und Milva gegen den Verlust der italienischen. So wie die Obertöne den Schmelz der Musik machen, adelt der Akzent oft das Hochdeutsche. Oskar Werner fand einen eigenen, singenden, wienerischen Oberton. Und von Thomas Mann sagt man, er habe sogar versucht, seinem Hochdeutsch noch einen hochdeutschen Akzent aufzusetzen.

Darf man seinem Kind einen exotischen Vornamen geben, obwohl man Maier heißt?

*E*he wir an die Antwort gehen, muss ich meinem Haberer Hermann Maier, mit dem ich in Frieden und wechselseitiger Bewunderung lebe, hastig versichern, dass die Frage in dieser Form von einer Dame gestellt wurde, die mit Wintersport nichts am Hut hat.

Andernfalls hätte sie gewusst, dass durch ihn, den Hermann, gerade der Name Maier von einem Allerweltsnamen zu einem strahlenden Etikett wurde. Wir reformieren die Frage also insofern, als wir uns statt Maier jetzt Huber, Gruber oder Novak vorstellen.

Eine Höflichkeit höherer Ordnung verlangt zunächst, dass wir uns an die Gesetze halten, da diese eine Übereinkunft der demokratischen Gesellschaft sind.

Die Gesetze befähigen die einschlägigen Behörden, gewisse Vornamen abzulehnen, die irregeleitete oder dauer-rauschige Eltern in Anfällen geschmackssicherer Heiterkeit für ihre Kinder vorsahen. So lehnte man dem Vernehmen nach „Bastard" und „Souvenir" ab, auch „Mickymaus" fand keine Gnade. Begründet wird dies meist mit vorhersehbaren Nachteilen des Kindes, wenn nicht gar bleibenden psychischen Schäden.

Dem Ehrgeiz der Eltern aber, ihren Kindern schon durch den Vornamen einen Höhengewinn zu verschaffen, sind praktisch keine Grenzen gesetzt. Die Eltern dürfen dabei auch ihre eigenen Sehnsüchte und Leidenschaften einbringen. Wer das Säuglings-Töchterchen in die Nähe von Leinwandschönheiten rücken will, darf es als Laetitia Moser, Gwyneth Hinterschratebner und Penelope Bauernfeind taufen lassen.

Männliche Säuglinge, deren Zeuger sich eine reiche Hightech-Karriere des Kindes erträumen, dürfen fortan Steve Joppinger und Bill Gartelhofer heißen, oder Edison Eipeldauer. Ganz leicht werden es auch diese Kinder nicht haben. Doch manchmal kommt der Versuch, einen bodenständigen Familiennamen mit einem weltweit günstig besetzten Vornamen zu verbinden, so sympathisch rüber, dass zumindest kein Schaden entsteht.

Ein Beispiel ist mir persönlich vertraut. So plante ich in meiner Sturm- und Drangzeit, als ich noch viele Raufhändel vom Zaun brach, den tüchtigen Rechtsanwalt Novak ins Boot zu holen. Dieser war von theaterverliebten Eltern auf Romeo getauft worden. Der Name Romeo Novak ist so ergreifend witzig, dass er jeden Richter, zumindest aber jede Richterin, zu mildesten Urteilen gerührt hätte. Leider verlor ich, bevor ich ihn engagieren konnte, jede Lust an Streitereien.

Um dieses Kapitel im Wege eines Kreisschlusses zu beenden: Viele Eltern in Österreich, der Schweiz und Deutschland, die Maier gerufen werden, haben zumindest überlegt, ihren Sohn Hermann und die Tochter Hermine zu nennen. Darauf gibt es ja kein Copyright, und das ist gut so.

Darf man seine Freunde anschnorren?

JA, sicher. Wen denn sonst? Wenn die Hausbank keinen Dispositionskredit mehr einräumt, weil sie selbst neger ist, bleibt niemand anderer übrig, den man anschnorren könnte. Fremde Menschen schnorrt man nicht an, denn dies hieße betteln. Brüder und Schwestern fallen aus, weil sie Äpfel vom gleichen Stamm sind, also im gleichen Rhythmus mal zu viel, mal zu wenig Geld haben. Und Erbonkel sowie Erbtante anzuschnorren, ist unökonomisch. Dort kriegt man vielleicht 5000 Euro zur Überbrückung, verliert aber ihre Achtung, fällt aus dem Testament und verliert am Ende eine Erbschaft von 1 Million.

Anregung für den umgekehrten Fall: Wenn Sie von Freunden angeschnorrt werden, geben Sie das Geld nicht als Kredit. Das ist das sicherste Mittel, eine Freundschaft zu verlieren. Denn fortan wird der Freund, sobald er Ihren Namen hört, ein unangenehmes Gefühl von Schuld & Verbindlichkeit haben, was sich im Lauf der Zeit sukzessive zum Hass steigern kann. Übergeben Sie die Kröten lieber als Geschenk, mit den Worten:

„Wenn es dir wieder besser geht, schenkst du mir etwas davon zurück." Dies nimmt der Sache die Schärfe. So kriegt man das Geld erfahrungsgemäß auch wieder zurück, oder wesentlich schneller, oft mit einer freiwilligen, zusätzlichen Verzinsung in Form einer Zigarre, eines echten Panama-Huts oder einer Vespa GTS 300 Super Touring.

Darf man auf Begräbnissen lachen?

*D*iese Frage kommt zwar nicht aus der heitersten Ecke meiner Fragen-Lieferantinnen (Frauen sind im Auffinden merkwürdiger Fragen weit besser als Männer, da in Neugier geschult), ist aber keineswegs so krank wie sie klingt.

Als Reisender, der gern die Riten fremder Völker beobachtet, erlebte ich mehrfach Beisetzungen mit durchaus heiterer Note, etwa rund um einen Verbrennungsplatz in Indien, auch in Mexico City oder auf dem Louis-Armstrong-Friedhof zu New Orleans, wo der Verblichene mit Dixieland-Jazz und alkoholischem Frohsinn zu Grabe getragen wurde. Was übrigens angenehmer und weihevoller war als ein Begräbnis nahe Catania, wo sizilianische Klageweiber um die Wette klagten: Wer lauter heult, hat gewonnen.

Auch Wienern wird eine gelassene Nähe zum Tod schon zu Lebzeiten nachgesagt, doch wird ein offenes Lachen an der offenen Grube nicht wirklich geschätzt. Dort, wo es zuweilen vorkommt, handelt es sich ausnahmslos um pathologische Hysterie. Man geht in Wien allenfalls davon aus, dass unter dem Trauerschleier mancher Witwe ein feines Lächeln zu sehen wäre. Dass sich die Tiefbewegte haltlos begeistert zeigt, kommt nach Auskunft der Friedhofsverwaltungen kaum vor. Und niemals in den seltenen Fällen, da ein Mann seiner vorangegangenen Frau nachweint.

Völlig anders ist es beim anschließenden sogenannten „Leichenschmaus" zu Ehren des Toten. Dort sind Witz und Wonne vorgeschrieben. Kein Nachredner verzichtet auf den Hinweis, der Tote habe es so gewollt. Allerdings ist kein einziger Fall bekannt, wo der Tote danach befragt wurde. So werte ich dies als Ausrede für Backhendlseligkeit und haltlosen Suff und das Erfinden heiterster Anekdoten rund um den Verwichenen. Tatsächlich wünscht jeder vernünftige Sterbende, die hinterbliebenen Verwandten und Freunde sähen fortan im Weiterleben keinen Sinn mehr. Viele Männer haben für indische Witwenverbrennungen immer ein höfliches Interesse bewahrt.

Darf man sich über gescheiterte Diäten ärgern?

*D*ie gute Nachricht vorweg: Ich weiß die Lösung. Ihre Genialität, wenn ich so sagen darf, liegt in der Einfachheit. Ich bitte nur um ein wenig Geduld. So wie jeder Weitsprung einen Anlauf verlangt, so braucht auch die Antwort auf diese mollige Frage zuerst ein paar magere Sätze.

*F*angen wir so an: Es gibt keine Probleme. Es gibt nur Herausforderungen. Wie wir sprachlich mit den Dingen umgehen, entscheidet darüber, ob wir gewinnen oder verlieren.

Viele meinen, gescheiterte Diäten seien ein „Problem". Manche sprechen sogar von einem „schweren Los". Dabei haben wir es mit einer kleinen Herausforderung zu tun. Das einzig echte Problem liegt darin, dass wir wie *Flagellaten* (deutsch: Selbstgeißler) uns selbst eine Schuld zuweisen, wo lediglich Naturgewalten walten.

Wir sollten zunächst akzeptieren, dass nicht nur Atlantik, Pazifik und Mittelmeer den Gesetzen der Gezeiten gehorchen. Auch wir sind einem steten Wechsel von Ebbe und Flut ausgesetzt. Selbstvorwürfe – Stichwort: Vanillekipferl! – sind unberechtigt. Unsere Willensschwäche spielt keine Rolle gegen die Kalorien-Flut, die uns die *Natur* rund um Weihnachten automatisch beschert, als Waffe gegen die Energieverluste im Winter.

Nur wenige wissen, dass unser Körper der Zeit nachhinkt. Er verlangt viel Bewegung, die einst sinnvoll war, um nicht zu verhungern. Man lief hundert Meter bis zur nächsten Heidelbeere und fünf Kilometer bis zum nächsten Braunbär. Heute, da wir die Zierde von Barhockern sind und am Schreibtisch arbeiten und das Essen aus dem Kühlschrank kommt, wird immer noch Bewegung verlangt, ein Witz der Evolution, über den wir selten lachen.

*L*ogische Folge: Gewichtszuwachs. Viele kämpfen dagegen an. Sie machen eine Diät. Sie bewegen sich. Und haben auch sonst alles richtig gemacht. Warum wird dennoch das Kleid eng? Warum ruft es nach der lieben Änderungsschneiderin? Oder verlangt gar nach neuer Größe? Das ist doch nicht die Natur und nicht Ebbe & Flut allein. Es gibt daneben einen zweiten Schuldigen. Ich verschlüssele ihn hier mit dem Code G-W-A-N-D.

Darf ich dafür als Zeuge auftreten, obwohl ich als Mann dem ahnungslosen Geschlecht angehöre? So wie meine angeblich ewig formstabilen Biker-Jacken von Dainese, Harley und KTM schrumpfen auch meine Hosen, Sakkos und Gössl-Trachtenjanker. Sie sind weltmeisterlich gewoben, haben aber ein Eigenleben. Sie fassen über Silvester den Vorsatz, kleiner zu werden. Im Frühjahr sind sie enger als im Sommer davor.

Ich habe dies philosophisch als Stoiker hingenommen. Der Kluge pinkelt nicht gegen den Wind. Dann aber fand ich die Ideal-Lösung. Ich kaufe das teure Zeug im Zweierpack, in der aktuellen und nächsthöheren Größe. Solange ich mich darin wohl und beweglich fühle, bin ich zufrieden. Und sollte ich zu schlank werden, werde ich gern für eine dritte, kleinere Größe in die Tasche greifen. Ich kenne Frauen, die dafür Messen lesen ließen, im Stephansdom zu Wien.

FACEBOOK UND SMS
Gutes Benehmen im Zeitalter der mobilen Kommunikation

Darf man sein Porträt in Facebook
per Photoshop schönen?

*D*efinitiv JA. Sie sollten darin ganz entspannt sein.

In dreißig Jahren als Herausgeber und Chefredakteur des seriösen Wirtschaftsmagazins *trend* lernte ich, dass es in der Welt der Zeitungen, Magazine und Bücher keinen einzigen Autor und Kolumnisten gibt, dessen Porträt nicht schöner wäre als das Original.

Umso weniger wird dies von Verfassern verlangt, die sich persönlich in FACEBOOK einbringen, wo die Inhalte keinerlei Reglement unterliegen, also nicht von strengen Lektoren überprüft werden. Wie man weiß, darf dort jeder Geistesriese und jeder Dumpfgummi alles schreiben, was er will. So stehen Genie und Wahnsinn in den Texten nebeneinander, und Lüge und Wahrheit. Warum also sollte gerade hier an die Authentizität der Autoren-Porträts ein höherer Maßstab gelegt werden?

Fazit:

Machen Sie aus Ihrem Porträt, was Sie wollen. Und studieren Sie das führende Bildbearbeitungsprogramm *Adobe Photoshop* noch gründlicher als bisher. Wahrscheinlich kennen Sie noch gar nicht alle Möglichkeiten, aus dem Glöckner von Notre Dame einen Brad Pitt zu machen, und aus einer Hexe, auf deren Nase sieben Raben Platz haben, eine stupsnasige Scarlett Johansson. Ich empfehle spezielle Weichzeichner und Warmfilter. Weiters Streckwerkzeuge, die aus einem pausbäckig-ländlichen Antlitz eine gotische Gottheit machen. Auch *tools*, die in vergrößerte Augen ein Funkeln zaubern, können Ihrem Facebook-Auftritt eine frische, begehrenswerte Note schenken.

Darf man in mehrmaligen Frage- & Antwort-E-Mails alle Floskeln weglassen?

*D*ie Frage ist klug, so wie die Fragestellerin selbst, die, obgleich blond, immer wieder für Überraschungen sorgt. In diesem Fall zeigte sie einen wachen Sinn für Historie.

Im frühen 16. Jahrhundert, zur Zeit des Seefahrers Christoph Kolumbus, als jeder Brief Monate brauchte, um den Adressaten zu erreichen, wäre diese Frage gar nicht verstanden worden. Man schrieb damals mit der Feder auch nur zehn Worte, ehe man sie wieder in die Tinte tauchte. Ein guter Brief brauchte den ganzen Vormittag. Auf eine beglückende Anrede und eine unvergessliche Abschiedsformel zu verzichten, hätte keinen Zeitgewinn gebracht, den Adressaten aber tief verletzt.

Nun aber ist die Rede von der schnellsten Post, die es jemals gab, der sogenannten E-Mail, wo zwei PC- & Phone- & Pad-affine Briefpartner einander oft sieben Briefe in fünf Minuten schreiben, sieben hin und sieben her. Hier stellt sich die Frage, ob man Anrede und Ausklang wirklich immer dazuschreiben muss. Sonst wird nämlich, wie Bäuerinnen sagen, die Suppe teurer als das Fleisch. Das heißt: Man braucht mehr Zeit für Anrede und Abspann als für die Briefe selbst.

Man sollte dennoch streng mit sich sein. Nur in zwei Fällen darf man grundsätzlich auf die Höflichkeit der Anrede und Abrede verzichten.

Fall 1:
Zwei Freundinnen unterhalten sich per E-Mail über aktuell untreue Männer und betreuen einander. Hier sorgt schon der schriftliche Tonfall sizilianischer Klageweiber dafür, dass jede weiß, von welcher der Brief kommt. Anreden sind überflüssig. Und ein Abspann voll Trost erübrigt sich, weil Trost nicht wirklich gewünscht wird. Würde er von der Freundin dennoch gewagt werden, liefe er in das Messer folgender Retour-E-Mail:

„Du erfrechst Dich, mir Trost zu spenden? Obwohl Du weißt, dass diese Liebe die höchste seit Titanic war? Eine Liebe, die mich für immer trostlos zurücklässt? Wie willst Du Dich in meine Lage versetzen? Du, die doch immer nur seichte Lieben kanntest. Wie beneide ich Dich! Du darfst glücklich sein, dass Dich dieser

41

pickelige Pykniker mit dem lächerlich-unpassenden Namen Herakles verließ. Ich aber bin ins Nichts geworfen. Mein Orpheus entwich. Er singt jetzt für eine fünfzehn Jahre ältere Schlampe, Dein Jahrgang übrigens. Kein Wunder, dass Du glaubtest, für einen Verlust dieser Art gebe es Trost. Lauf meinetwegen Deinem letztklassigen Herakles nach. Richte ihm meine Kondolenz aus, dass er es so lange mit Dir aushalten musste. Aber erfreche Dich nie wieder, mich als *Liebste Freundin* anzusprechen und mir am Ende gar Trost in einem Liebesleid zu spenden, dessen Tiefe Du nie verstehen wirst."

Fall 2:
Der hoffärtige, bärtige Sekretär Cyril Ostenhof-Orgovany des hoffärtigen City-Park-Golf-Clubs schreibt dir per E-Mail steif, der Club sei seit Jahrzehnten geschlossen und bumm-zu, aber man wolle für dich gern eine Ausnahme machen. Man wünsche dich als erstes neues Mitglied seit Tschernobyl. Man setze dein Einverständnis voraus, da alle Männer der Stadt von dieser Mitgliedschaft träumten.

Da Ausnahme-Genehmigungen aller Art eine lebenslängliche Verbindlichkeit bedeuten, praktisch eine Erpressung und daher eine kriminelle Zumutung sind, antwortet man umstandslos wie folgt:

„Teilen Sie Ihren Brotherren mit, dass ich ungern mit Sekretärinnen verkehre. Und wenn doch, dann per Separee, nicht per E-Mail. Und dass ich es mit meinem verwichenen Freund Oscar Wilde halte: *Ich verachte jeden Club, der meine Mitgliedschaft akzeptiert*. Eine Bestätigung meines Mails ist unerwünscht und landet im SPAM-Ordner."

*I*m engen Freundeskreis kann man sich Anreden und Abspänne in der E-Mail (nicht aber in Papierbriefen) logisch sparen. Man kennt ihre sprachlichen Eigenheiten. Einer meiner Einser-Freunde ist ein Erzengel, spielt aber gern den *Liliom* von Molnar und beginnt jede E-Mail mit dem Imperativ: „Huach zua!" (für unsere deutschen und schweizerischen Leser: *Hör zu!*). Mein alter Deutsch-Professor, der den Sound meiner Vorträge liebt, grüßt per E-Mail immer mit *Ave Cicero*. Ein Dritter verabschiedet sich, seit es E-Mail gibt, mit den Sätzen: *Adieu, mein Schatz. Das war's. Wir sehen uns wieder auf Wolke 7.* Ich weiß, dass er sich davon das ewige Leben verspricht.

Das aber sind intime Spielereien, die ein jeder kennt und die keinen was angehen.

Darf man E-Mails und SMS mit Gemüts-Symbolen schmücken?

*E*in sofortiges JA, wenn es um Kinder, Jugendliche und Frauen, und ein zögerliches NEIN, wenn es um erwachsene Männer geht.

Zu den markanten Defiziten vieler Karriere-Männer zählt ihre Unart, fast ausschließlich mit der linken Gehirnhälfte zu arbeiten, in der die Vierecke der reinen Vernunft daheim sind. Jugendliche und Frauen hingegen haben den Vorzug, auch die rechte Gehirnhälfte stark einzubinden, in der die Wolken der Gefühle und Instinkte regieren. Daher verfügen sie in der Regel über höhere emotionale Intelligenz und treffen oft die besseren Bauch-Entscheidungen, sind aber auch sentimentaler mit häufigen kindischen Aufwallungen.

Demgemäß liegen Ihnen auch grafische Gemüts-Symbole, die mit der Tastatur gebildet werden. Diese wurden einst, als E-Mail und SMS aufkamen, von Kindern als Geheimsprache entwickelt, um von den dummen Erwachsenen nicht verstanden zu werden.

Mittlerweile sind diese Symbole längst Allgemeingut. Nur älteren Männern muss man noch erklären, was damit eigentlich gemeint ist. Also beispielsweise: Smilys ☺, gehobene Augenbrauen (^^), heraushängende Zunge (:P), großes Lachen (:D) und Akronyme wie ROFL (Rolling on The Floor Laughing) und LOL (Laughing Out Loud).

Da ich kein Hinterwäldler, sondern ein Vorderwäldler bin, kann ich nicht nur viele Zeichen der Mandarin-Bildsprache deuten, sondern kenne auch die meisten elektronischen Kürzel. Sie stören mich nicht, wenn sie in E-Mails auftauchen. Aber ich schätze sie auch nicht wirklich, denn sie verführen zu schlampiger Schreibsprache. Wer seine Sätze genau bildet, muss keine Smile-Symbole anhängen, um dem Empfänger klarzumachen, dass sie nicht ernst gemeint sind. Es liegt auch eine kleine Bevormundung des Empfängers darin. Aber da diesen leisen Schmerz nur die Wenigsten verspüren, können wir ihn als Spitzfindigkeit vernachlässigen.

Darf man an der Supermarktkassa ins Handy sprechen?

JA, ich bitte sogar darum. Wir sollten alles daran setzen, diesen ohnehin vergifteten Platz zur endgültigen Hölle der modernen Zivilisation zu machen. So können wir aus dem Übel einen Nutzen ziehen. Und zwar ungefähr in diesem Sinn: Wer regelmäßig übt, den Horror der Supermarktkassen zu überleben, stärkt sein psychologisches Immunsystem und ist gut gerüstet für jeden anderen Supergau.

Der italienische Schriftsteller Dante Alighieri (1265–1321) schreibt in seiner *Divina Commedia* (Die göttliche Komödie) über die drei großen Orte *inferno, purgatorio und paradiso*. Auf Deutsch: Hölle, Fegefeuer, Himmel. Die Hölle teilt er in Kreise unterschiedlichen Schreckens. Zu seiner Zeit kaufte man in Florenz, wo er geboren, und in Ravenna, wo er begraben wurde, noch lustvoll auf Märkten ein, bei Standlern und Standlerinnen. Erst siebenhundert Jahre später kamen die Supermärkte, und mit ihnen die Supermarktkassa, der neue Ort namenlosen Schreckens. Signore Dante hätte ihn als einen der schärfsten Kreise der Hölle beschrieben.

Er wurde von Heerscharen von Hausfrauen dazu gemacht. Arme männliche Singles und Witwer, die verdammt sind, selbst einzukaufen, können darüber Balladen singen. Oft verlassen sie mit weit aufgerissenen Augen den Supermarkt, irren ziellos durch ihren Heimatort oder versacken in Wirtshäusern, um dort im Suff zu vergessen, was sie gesehen und gehört hatten.

Sie sahen legendär schlecht bezahlte Supermarkt-Kassiererinnen, die mit lustlosem Grimm in der Kundenware wühlen, sie scannen und ungeduldig auf die freie Fläche schieben, auf der sie der Kunde selbst in Säcke und Körbe verstauen muss, und zwar möglichst schnell, um nicht von den Waren des nächsten Käufers, die sich untrennbar mit den eigenen vermischen, erschlagen zu werden. Die einzigen kleinen Freuden, die den Kassiererinnen vergönnt sind, sind Kommentare zu den eingekauften Lebensmitteln. Männer, die Kürbiskerne – das Bonbon des Mannes – kaufen, werden gern laut gefragt, ob diese Dinger wirklich gegen Prostatabeschwerden helfen.

Um gleich eine andere DARF-MAN-Frage zu beantworten: Nein, man darf den Kassiererinnen nicht böse sein. Es gibt gute Gründe, warum die Jungen unter ihnen alt und die Alten wie tot aussehen. Denn sie werden ihrerseits von Hausfrauen genervt, die offenbar über unbegrenzte Zeitbudgets verfügen. Sie haben die Supermarktkassa zum modernen Hyde-Park erhoben. Dort erzählen sie einander den neuesten Tratsch und ihre Theorien über das Leben, erläutern gern auch neue Krankheiten und deren Überwindung und verraten selbstlos jeden neu entdeckten, sensationellen Gynäkologen, der immer auch wahnsinnig fesch ist und die bange Frage aufwirft, ob er nicht schon zu viel von Frauen gesehen habe, um noch zuverlässig heterosexuell zu sein.

Es stört die tratschenden Damen keineswegs, von nervösen Menschen, die weniger Zeit haben, weitergeschubst zu werden. Selbst wenn grad keine Gesprächspartnerin vor Ort ist, wissen sie sich zu helfen. Denn zuverlässig schrillt ihr Telefon, wenn sie grad zahlen sollten. Das kommt dem Supergau schon ziemlich nah. Erstens sind ihre Klingeltöne hart am Wahnsinn (zuletzt hörte man Babygeschrei als Erkennungsmelodie), zweitens zählen sie der anrufenden Freundin alle Waren auf, die sie gerade kaufen und für jeden Umstehenden sichtbar auf dem Laufband liegen. Bewährter Höhepunkt ist der Akt des Zahlens. Hier liegt der eigentliche, noch nicht erforschte, primäre Unterschied von Männern und Frauen.

Männer halten eine passende Banknote parat und kriegen blitzschnell ihr Wechselgeld. Hausfrauen aber, speziell in Gegenwart anderer Hausfrauen, fingerln kleine und kleinste Münzen aus ihren riesigen Brieftaschen, stöhnend vor Trennungsschmerz. So demonstrieren sie Sparsamkeit, um keine schlechte Nachred' zu haben. Fast immer fehlt grad eine letzte Münze für den gefragten Betrag, sodass sie am Ende genau so zahlen müssen wie die Männer, per Banknote oder Kreditkarte.

Fazit:
Natürlich dürfen Sie an der Kassa zum Handy greifen. Sie sollten es sogar. Denn erstens fallen Sie unangenehm auf, wenn Sie's nicht tun (dieser Mann hat nichts zu sagen), zweitens sollte man dazu beitragen, den kontaminierten Platz „Supermarktkassa" zum endgültigen *inferno* zu machen. Mit dem Vorteil immerhin, das Leben außerhalb des Supermarkts wieder als *paradiso* oder wenigstens als *purgatorio* zu begreifen.

Darf man ein zehn Jahre altes Mobiltelefon verwenden?

*M*eine spontane Antwort wäre NEIN gewesen. Sie wird aber durch Nachbarschaft zur Künstlerin Martina Schettina gehemmt, die mir zweifach auffiel. Erstens durch ihre Bilder, zweitens durch ihren Umgang mit Hightech.

Ihre Frauen-Akte sind durch Erfindung der Doppel-Linie von Weitem als Schettina-Gemälde kenntlich (was die *Kronen Zeitung* oft zur Illustrierung der Sex-Kolumne von Gerti Senger nützt). Und ihre *Mathemagischen Bilder* sind der denkbar größte Kontrast dazu.

Hightech-mäßig war sie dem Motto verpflichtet: „Das beste Werkzeug ist eines, an das man sich gewöhnte." Als Siemens schon aus dem Handy-Geschäft ausgestiegen war, verwendete sie immer noch das legendär unkaputtbare Siemens-Edelstahl-Handy. Nachher blieb sie lange einem extraflachen, schneeweißen Samsung-Handy treu, bis dessen Monitor erblindete.

Erst jetzt ist sie mit dem Apple-iPhone-4 in der Gegenwart der *Smartphones* angekommen. Und will nun nicht mehr zurück. Täglich entdeckt sie neue Fähigkeiten und Apps ihres neuen Begleiters, die ihr als Malerin und Buch-Autorin behilflich sind.

Mit Martina Schettina ging der letzte *User* verloren, der noch glaubte, es sei sinnvoll, ein zehn Jahre altes Handy zu nützen.

Darf man bei unangenehmen Telefongesprächen eine schlechte Verbindung vortäuschen?

*T*ausendmal JA. Man wird es nie bereuen. Der Instinkt ist immer klüger als der sogenannte Verstand. Wenn die rechte Gehirnhälfte der Gefühle sagt, dieses Gespräch sei besser später zu führen, sollte die linke Gehirnhälfte der Vernunft der Zunge befehlen, verwirrt zu sprechen. Beispielsweise so: „Hallo? ... Allo? ... Llo? ... O? ... Höre Dich jetzt gutttxchzsch ... sehrguttttxxchhzzschsch ... Unwettpffrrr ... Hallowhaffwahaffwahff ... alle lieb grüßzingpfiiiiiiiii". Ewiges Vorbild dafür bleibt Bud Spencer in „Zwei Himmelhunde auf dem Weg zur Hölle", wo er als Pilot atmosphärische Störungen vorgaukelt.

Alte Regel: Ein unangenehmes Telefongespräch kann einen Tag warten. Selten wird es schlechter. Meist gilt der klügste Satz, den die Militärs je fanden: „Eine wichtige Sache sollte man 24 Stunden überschlafen."

Wenn sie dadurch besser wird, ist beiden Seiten gedient. Man darf dann von Höflichkeit mit den Werkzeugen der Täuschung sprechen. Was aber, wenn einer zu anständig ist, eine schlechte Verbindung vorzutäuschen?

Dem verrate ich ein Geheimnis. Mein iPhone-5 ist ein One-Way-Handy. Ich quäle damit andere aufs Blut, bin aber selbst nicht erreichbar. Weiß nicht mal die eigene Nummer, könnte sie selbst volltrunken keinem verraten. Alle Anrufe landen bei der Herzallerliebsten und Managerin, die nur jene Anrufe später bekannt gibt, die mich glücklich und stark machen. Das funktioniert gut. Aber Vorsicht. Solche Managerinnen sind teuer. Oft wollen sie sogar geheiratttchchzzffffklokk-lokkklokpffrrwhaffwhaff.

Darf man traditionelle Trachten übers Internet bestellen?

„Tradition ist nicht die Bewahrung der Asche,
sondern die Weitergabe der Glut."
Ordens-Spruch

*D*as Einstiegszitat, das wir oft hören, weil es so gut ist, wird einem christlichen Orden zugesprochen. Ich habe vergessen, welchem. Es dürfte ein fortschrittlicher sein. In der Praxis erlebe ich Menschen, die den Begriff *Tradition* eher verstaubt auslegen. Unter selbst ernannten „Sprachliebhabern" beispielsweise jene, die bei jedem englischen Wort in der heiligen deutschen Sprache in Ohnmacht fallen. Oder Pädagogen, die immer noch von der erzieherischen Tradition der „gesunden Watsch'n" träumen, obwohl man heute weiß: „Wer geschlagen wird, wird schlagen." Und was die Mode betrifft, so kenne ich gar nicht wenige, die moderne Tracht für eine Todsünde halten. Sie sehen darin ein *contradictio in adiecto*, ein Auseinanderfallen von Objekt und Eigenschaft. Diese Leute finden abartig, dass es heute Trachtenkleidungs-Entwürfe gibt, die selbst die jungen Damen und Herren „cool" finden; die nicht nur auf dem Land, sondern auch in der Stadt geschätzt werden; die sogar von Subjekten getragen werden, die – an dieser Stelle bekreuzigen wir uns dreimal – am Sonntag nicht ins Hochamt gehen, vielleicht sogar satanische Wiederverheiratete sind, bar aller Sakramente.

Die moderne Tracht ist zum Entsetzen der eingestaubten und eingeschnorchelten Traditionalisten in der Gegenwart angekommen. Sie wird auch die Zukunft mit waghalsigen Einfällen schmücken. Demgemäß sollten ihr auch alle Möglichkeiten einer modernen Wirtschaft offen stehen.

Dennoch verhoffte ich wie ein Jagdhund und hielt sekundenlang still, als mir die Frage gestellt wurde, ob „E-Commerce und Tracht" eine Chance hätten, zusammenzukommen. Ob also letzten Endes vorstellbar wäre, ein modernes Trachten-Equipment via Internet zu verkaufen und zu kaufen. Schnelle, vorläufige Reaktion: Weltklasse-Kleidung kann niemals billig sein. Aber sie ist keine Yacht, von der man sagt: „Wenn du darüber nachdenkst, ob du sie dir leisten kannst, bist du schon zu arm dafür." Yachten kann man im Internet bewerben, aber niemals verkaufen. Trachten-Gwand hingegen – mal nachdenken.

*E*he ich mein subjektives Urteil preisgebe, eine grundsätzliche Erwägung zwischendurch. Modern sein heißt nicht, alles Neue blindlings gutzuheißen. Schon gar nicht, wenn dieses „Neue" nur die Neuauflage einer schlechten Gewohnheit ist.

Ein Beispiel: Wir leben gerade wieder in einer „Zeit verminderter Zuversicht". Ich nenne sie so, weil ich das Wort Krise nicht mag, und wenn, dann nur im altgriechischen Sinn von *Katharsis* und *Reinigung*. Ich bin entsetzt, wie schnell schlechte Gewohnheiten ihr hässliches Haupt heben, sobald nach fetten Jahren ein paar magere kommen, egal aus welchem Grund. Sofort stürzen sich viele BürgerInnen über Billigstprodukte. Der Spruch „Billig, aber viel" war jedoch nur in der unmittelbaren Nachkriegszeit berechtigt. Unsere älteren Mitbürger hatten ein Recht, nach sechs Kriegsjahren nach diesem Motto zu essen, zu trinken, sich einzurichten und zu kleiden. Ab dem Wirtschaftswunder der 1960er-Jahre gilt dies nicht mehr.

Gerade jenen, die eher arm als reich sind und vom Wohlstand Österreichs nur wenig profitierten, wünschte ich, sie würden besser begreifen, dass „billig, aber viel" ein schlechter Weg ist. Er führt sie nicht ans Ziel eines besseren Lebens. Er entfernt sie davon. Die Aristokraten haben dies früh erkannt. Sie wissen seit Jahrhunderten, dass Qualität wichtiger ist als Menge; dass auf Dauer jeder schlecht kauft, der billig kauft. Wer hingegen das teure Gute kauft und pflegt, besitzt nicht nur Besseres und Schöneres und also Beglückenderes, er handelt auch ökonomisch. Er steigt unter dem Strich besser aus als einer, der in schneller Folge das Drittklassige immer wieder ersetzen muss.

Dieser Tage entdeckte ich am Stadtrand von Wien eine Art von Geschäft, die mir bisher entgangen war. Es war ein sogenannter „Supermarkt für Trachten". Mir gefiel weder die Idee noch das, was ich in den Auslagen sah. Mir wurde sogar ein bissl schlecht beziehungsweise schwindelig. Das lag vielleicht daran, dass viele Dirndln in klassisch-unverbindlichem Massen-Look, zu Dutzenden nebeneinander gehängt, unverzüglich den Blick trüben und verwirren, wie der Blick in ein schnell gedrehtes Kaleidoskop. Beinahe eine psychedelische Erfahrung. Neben dem optischen Unwohlsein störte mich auch, dass man Kleider dieser Art wie Schweinehälften präsentiert.

*I*m Gegensatz dazu, um die eigentliche Frage zu beantworten, kann ich mir den Kauf einer modernen Tracht via Computer gut vorstellen. Aus persönlichen Gründen sogar *sehr gut*. Erstens stelle ich mir gern in aller Ruhe zu Hause meine individuellen Kombinationen zusammen – auch bei Autos. Zweitens bin ich ein Mann.

Man wird Frauen, die zu meiner größten Bewunderung Umkleidekabinen und Spiegel lieben und mit unendlicher Geduld zwanzig Kleider probieren, also das Erlebnis „Kauf" genießen, nur schwer zu Virtuell-Käuferinnen umwandeln können. Bei Männern, zumindest den meisten meiner Freunde und mir, sieht das anders aus.

Ich erzähle diesbezüglich in gekürzter Form ein Erlebnis, das ich in einem meiner Bücher ausführlich schilderte. Ich betrat mit einer exakt vorbereiteten Liste (Modell, Größe, Stückzahl diverser Männer-Wäsche) eine Palmers-Filiale. In drei Minuten war mein Jahreseinkauf erledigt, inklusive Bezahlung. Alle anwesenden Damen, die Kundinnen *und* die Verkäuferinnen, hatten mich entsetzt beobachtet. Sie riefen wie aus einem Mund: „Das kann man doch nicht einkaufen nennen!"

Darf man in der Öffentlichkeit das Handy benutzen?

*D*ie üblichen Schwarzmaler und Jammerer erzählen dauernd von der Belästigung durch Handyphonierer. Sie finden müde Bauarbeiter lächerlich, die in Bus und U-Bahn von ihrer Frau wissen wollen, welches Abendessen sie in dreißig Minuten erwartet. Sie hassen jeden, der sich auf der Straße oder im Restaurant per Handy ein wenig wichtig macht.

Ich hingegen finde das großartig. Viele Paare, die einander nur noch angeschwiegen hatten, reden via Handy wieder miteinander wie beim ersten Rendezvous. Und die Möglichkeit, dass nun viele, die an kleinen Komplexen leiden, sich lautstark via Handy ein wenig größer machen als sie sind („Sie werden von meinen Anwälten hören!"), erspart Österreich zehn Nervenkliniken. Da reden wir noch gar nicht von den sachlichen Vorzügen. Dem Zeitgewinn etwa, dass wir nicht mehr öffentliche Telefonzellen suchen müssen, die von Vandalen versifft und zerstört wurden. Oder der neuen Sicherheit, die Bergwanderer und allein lebende Kranke verspüren, weil sie jederzeit Alarm schlagen können. Und weit entfernt wohnende Familienmitglieder haben wieder Kontakt. Das wäre zwar theoretisch auch übers Festnetz gegangen. In der Praxis geht es erst jetzt wieder dank der Handys, weil man damit Wartezeiten sinnvoll nützen kann.

*D*as Handy zählt, so wie das Auto und die Zeitung, zu jenen Produkten, deren Wert man erst dann zu schätzen weiß, wenn es sie einen Tag lang nicht gibt. Für junge Karrieristen, die noch kein Geld für eine Sekretärin haben, ersetzt das zum *Smartphone* erweiterte Handy ein ganzes Büro. Es wurde zum Schweizermesser für berufliche Erfolge. Und was die neuen Tablets aller Betriebssysteme im Windschatten von Apples i-Pad betrifft, so steht man noch am Anfang einer ungeheuren Nützlichkeit.

Kurz gesagt: Das Handy ist die größte soziale Errungenschaft seit der Sonntagsruhe für Arbeiter.

Darf man intime Tagebücher führen und diese in Facebook stellen?

*J*A UND JA.

*A*llerdings sind dies zwei Fragen, die höchst unterschiedlich zu kommentieren sind.

Die Führung von Tagebüchern gilt seit Jahrhunderten als normale Sache. Es gab in Europa allenfalls kurze, militärisch geprägte Epochen, in denen intime Aufzeichnungen als sentimental-weibisch galten. Oder wo man aufpassen musste, was man niederschrieb, wie im Überwachungsstaat des Biedermeier oder generell in Diktaturen.

Alle berühmten Tagebuchschreiber sprachen von innerer Notwendigkeit. Als Möglichkeit, die Sorgen wegzuschreiben, sich über Gefühle klar zu werden oder das erlebte Schöne vor dem Vergessen zu bewahren. Für Gottfried Keller waren die Tagebücher „das einzige Asyl der Gedanken". Selbst ein Tolstoi fand zuweilen, das Tagebuch sei sein eigentliches Leben.

Wer sein Tagebuch ambitioniert schreiben will, findet im „Buch der Tagebücher" (Piper, 2010) eine Fülle stilistischer Vorlagen. Rainer Wieland hatte die reizvolle Idee, zu jedem Tag des Jahres etliche Notate berühmter Diaristen des 17. bis 20. Jahrhunderts auszuwählen – oft lehrreich, immer interessant.

So weit, so empfehlenswert. Tatsächlich spricht nichts gegen das eigene Tagebuch. Die Vorteile dürften die Nachteile des Zeitaufwands überwiegen. Und die Gefahr des Entdecktwerdens ist heute gering, da die meist per Notebook oder i-Phone/i-Pad geschriebenen Eintragungen in kennwortgeschützte Ordner gestellt werden können (gilt per Scanner auch für handschriftliche Notate).

*E*ine andere Frage ist die Sache mit FACEBOOK und ähnlichen Sozial-Netzwerken. Hier ist Skepsis angebracht. Es muss zumindest gründlich nachgedacht werden, ehe man persönliche, gar intime Erlebnisse ins öffentliche Netz stellt.

Viele tun eben dies mit größter Begeisterung, weil sie endlich *erkannt* (= *geliebt* in der Sprache der Ritter des 12. Jahrhunderts) werden wollen. Kein Grund, sich darüber lustig zu machen. Es mag manchen aus dem Gefühl der Bedeutungslosigkeit erlösen. Und immerhin ist auch denkbar, dass heutige Freundes-Rudel aus Schulzeiten dadurch inniger verbunden bleiben als frühere, wo sich jeder in sein eigenes Leben verlor.

Speziell junge Leute sollten gleichwohl überlegen, welche Bekenntnisse und Erlebnisse sie FACEBOOK anvertrauen. Sie werden dadurch Teil ihres Lebenslaufs – und später vielleicht, auf Jobsuche, zum Rohrkrepierer.

Es soll bereits Spezialisten der Personalvermittlungs-Branche geben, die Facebook-Notizen von Maturanten interessanter Schulen in Mega-Terrabyte-Speichern festhalten, zur späteren Durchleuchtung und Beurteilung. Wobei sich nicht nur die eigenen Bekenntnisse negativ auswirken könnten, sondern auch die oft geschmacklos-witzigen, teils schwachsinnigen Kommentare von Freunden und bösartigen, neidischen Fremden.

ARZT UND PATIENT
Gutes Benehmen in medizinischen Belangen

Darf man ungefragt
medizinische Ratschläge erteilen?

NEIN. Das gilt auch für Frauen und alte Männer, die immer gern bereit sind, Diagnosen zu erstellen und Therapien zu empfehlen.

Misstrauische, die aus dem Einstieg eine Verspottung der Frauen und der alten Männer lesen, sind auf dem Holzweg.

Es gab eine Zeit, da die Alten generell höher geachtet waren als heute. Man fragte sie zu allen Sorgen der Zeit, auch zu den neueren Krankheiten. Man wollte von ihrer Erfahrung profitieren. In manchen Ländern ist dies heute noch so. Nicht zuletzt im vitalsten Land der Gegenwart, der sogenannten *Republic of China*. In den wichtigsten Gremien holen dort immer noch siebzigjährige Assistenten die Zigaretten, die ihre achtzigjährigen Chefs dem neunzigjährigen Boss in die Tabatiere füllen. Dort haben die alten Männer und Mao-Tai-Süffler anderes zu tun, als über Gicht zu reden.

Und was die Frauen betrifft, ist ihr Interesse an Medizin meist ein Segen gewesen. Sie hatten am Anfang der Geschlechterprogrammierung zwei Aufgaben, derweil die Männer dem Wild nachhetzten oder Nachbarn erschlugen. Beide Aufgaben hatten mit Beobachtung und Neugier zu tun. Sie mussten Ausschau nach allem gefährlichen Neuen halten und dies möglichst genau, also schwatzhaft, melden. Und sie mussten in gefährlichen Selbstversuchen prüfen, welche der tausendfachen Wurzeln, Pflanzen und Pilze giftig waren oder – im Wege von Versuch und Irrtum – die eine oder andere Krankheit lindern konnten.

Diese Ur-Programmierung ist nie abgeklungen. Frauen haben das Medizinische gut im Griff, wissen auch heute noch, wie man mit Kranken reden muss, um ihre Selbstheilungskräfte zu wecken. Darin sind sie manchen jungen männlichen Ärzten tatsächlich überlegen. Nur sind sie mittlerweile zu einer Heimsuchung geworden.

Da jeder heute zum Facharzt geht, statt die Oma oder die Nachbarin zu fragen, kam es zu einer Verbitterung der wissenden alten Damen. Die verstärkt wurde durch die eigene Einsicht, viele moderne Krankheiten nicht mehr durchschauen zu können, zumal sie oft psychischen Ursprungs sind.

Da ihnen kaum noch einer zuhört, rächen sie sich an den Ärzten, die ihren Status raubten. Wobei die Ärztinnen kaum besser aussteigen in ihrem Urteil: „Die kennt eine Ringelblume nicht von einem Hanf-Joint auseinander" ist einer der Sätze, der Greisinnen in japsendes

Entzücken wirft. Die alten Damen richten in den Wartesälen der Spitäler und Warteräumen der Ärzte medizinische Symposien ein. Sie wetteifern in Krankheiten, die sie hatten, und idealen Therapien, die sie besser kennen als jeder Arzt und jede Ärztin. Viele lernten extra den Computer, um im Internet alles über ihre aktuelle Krankheit zu erfahren – so weisen sie ihre Doktoren auf Wissenslücken hin. Den „Weißen Göttern" hat man früher vielleicht zu viel Ehrfurcht erwiesen. Heute sind sie arme Hunde in Geiselhaft ihrer alten Patientinnen.

*D*ie Frage ist demnach wie folgt zu beantworten: In ärztlichen Warteräumen dürfen Sie Ratschläge geben, so viel Sie wollen. Dort tut das jeder. Beziehungsweise jede. Denn man findet kaum noch Männer darin. Das sensible männliche Geschlecht hat nie gelernt, locker mit Krankheiten umzugehen. Männer werden schon krank beim Reden und Denken darüber. Einer, den wir vom täglichen Rasieren kennen, ist überhaupt ein krasser Psychosomatiker. Er kann sich eine Gebärmutter-Irritation anlesen oder anhören. Er muss flüchten und seine Holde bitten, als seine Statthalterin im Wartezimmer zu sitzen.

*D*aheim ist jeder Mann froh, wenn die Frau gut neunzig Prozent der Verletzungen und Krankheiten der Kinder stressfrei hinkriegt, ohne Hilfe von außen. Und wenn sie ihm selbst versichert, das Kopfweh sei kein tödlicher Bluthochdruck, sondern rühre daher, dass er am Vortag Wein *und* Schnaps soff.

Außerhalb des Hauses sind die Frauen aber gefürchtet. Oft haben sie ein Helfersyndrom. Sie helfen, ohne gefragt zu werden. Sie erklären einem Mann, der sich eben noch jung und vital fühlte, er möge seine letzten Tage nützen, so gut es gehe. Seine Fingernägel, Muttermale und der gelbe Augenhintergrund wiesen auf nahen Leber-Tod. Worauf sich der arme Mann, der nach allen Untersuchungen der Schulmedizin pumperlgsund ist, an der nächsten alten Eiche aufknüpft, um dem Siechtum zu entfliehen.

Fazit also: Geben Sie bitte keine medizinischen Ratschläge, ohne gefragt zu werden. Und gefragt werden sollten doch der Arzt und die Ärztin. Und fast immer ist das auch gut so.

Darf man heute noch ein Hedonist sein?

A.

Markus Hengstschläger ist Genetiker und ein glänzender Autor. Ich hatte sein Erfolgs-Buch „Die Macht der Gene" gelesen und ihn mehrmals als Moderator betreut, zuletzt in der Talksendung „Gansterer zur Geisterstunde" (Schau-TV). Da dieser Genetiker als „Österreichs Wunderkind" selbst für sein Alter unverschämt jung aussah, sprach ich den Verdacht aus, er nehme heimlich verbotene Experimente am eigenen Körper vor. Dies wies er freundlich zurück. In einem seiner

Interviews verriet er, dass es nicht darum gehe, uralt zu werden, sondern länger jung zu bleiben.

Auch ich greife dieses Thema auf. Allerdings aus einer anderen Ecke. Ich bin ein Schrecken der Mediziner, sofern diese nicht Anhänger der Psychosomatik-Schule sind, derzufolge das Gemüt die Gesundheit bestimmt. Stark verkürzt: Wer glücklich ist, bleibt länger jung.

Ich bin aus Zwang ein radikaler Anhänger dieser Theorie. Schon in der Jugend reagierte ich krass psychosomatisch. Ich vermeide daher alles, was mich an Krankheit erinnert, auch Ärzte und erst recht deren Wartezimmer, in denen alte Weiber begeistert über Krankheiten sprechen. Umgekehrt habe ich alles ausprobiert und verfeinert, was mich glücklich machen könnte. Dies führte im Wege von Trial & Error zu einem Collier aller denkbaren Sünden und Blödheiten. Meinen Leitfaden hatte Oscar Wilde formuliert: „Ich kann allem widerstehen, nur nicht einer Versuchung."

Heute, da ich das doppelte Lebensalter unglücklicher Genies wie Egon Schiele und Georg Büchner überschritten habe, bin ich vielleicht in der Lage, das Günstige vom Sinnlosen zu unterscheiden und Tipps zu geben. Für den vielleicht wichtigsten ist hier Platz: *Akzeptieren Sie den Vorrang von Arbeit und Anerkennung.*

*D*ie Arbeit ist neben der Liebe zu Frau, Familie und den wenigen Einser-Freunden für die meisten Männer (ich spreche aus Gründen des Respekts nicht auch für Frauen) das Wichtigste. Wir lieben das Gefühl, gebraucht zu werden und nützlich zu sein. Nichts bleibt so frisch wie der Anerkennungs-Hunger. Er begleitet uns vom Kindergarten bis zur Letzten Ölung. Ich lernte einst von Bruno Kreisky, wie man damit offen umgeht. Er sagte: „Sie ahnen nicht, wie viel Lob ich ertragen kann."

Falls Sie die einschlägige Kreisky-Anekdote in voller Länge lesen wollen, empfehle ich in sympathischer Eigenwerbung mein Buch: „Endlich alle Erfolgsgeheimnisse". Ich nenne es nicht nur aus Eitelkeit. Auch er kann als Beispiel dienen, dass Liebe zur Arbeit und Anerkennung die Juvenilität begünstigen. Weitere Faktoren, die im Buch zu finden sind: Leidenschaft, Neugier, Freude an Literatur und Reisen und die Bereitschaft, alles Erhabene mit anderen zu teilen. Passend, wie Goethe in *Faust 2* formulierte:

> *„Wer immer strebend sich bemüht,*
> *den können wir erlösen".*

Darf man Ärzte beneiden?

*G*rundsätzlich JA, weil jeder ein Recht auf seine eigene Auswahl an Menschen hat, die er beneidet – und jenen, mit denen er nie würde tauschen wollen.

Es liegt nahe, dass die Ärzte von den meisten Menschen als Bewunderte und Wohlhabende beneidet werden. Ärzte beider Geschlechter gelten als Alpha-Tiere. Von Männern als Autorität anerkannt, von Frauen auch deshalb bewundert.

Das mag einmal so gewesen sein – und in Einzelfällen so geblieben sein, wo ein Arzt (eine Ärztin) sich glaubwürdig als Bester oder letzte Hoffnung einen Ruf erwarb. Ich kenne mittlerweile auch unglückliche Ärzte. Darunter Freunde, die den Patienten genau das verbieten, was sie selbst tun: Tag- und Nachtarbeit, Stress und Burn-out, Trinken und komplexe sexuelle Beziehungen, mehr mit der geschäftlichen Bilanz als mit ihrer einst geliebten medizinischen Forschung befasst.

Es war nicht richtig, dass man die Ärzte einst zu „Weißen Göttern" erhob. Die charakterlich Schwächsten glaubten dies selbst und fügten ihrem Stand durch hochmütiges Verhalten Schaden zu.

Noch weniger richtig ist allerdings, sie heute durch tausend Verknappungen und Krankenkassen-Winkelzüge in die Enge zu treiben. Da steht bald Österreichs Ruf als Medizin-Hochburg auf dem Spiel. Ein Arzt, der mehr Gedanken auf die Rückzahlung seiner zeitgemäßen Ideal-Ordination aufwenden muss als für den tiefsten Kummer seiner Schützlinge, ist auf Dauer eine Katastrophe.

Einer gestand mir an der Theke, dass er langsam an den vielen Internet-Weibern (keinem einzigen Mann) verzweifle, die ihm Vorlesungen über ihr „Wissen" halten. Und deren Krankenschein er trotzdem brauche, um irgendwann mit 50 Jahren auf null zu stehen. Das ist die größte Krankheit der Zeit: der Terror der Halbgebildeten.

Ich bin froh, dass meine medizinischen Betreuer (teils Mann, teils Frau) noch Weiße Götter sind. Zumal meine Holde mich noch großartiger findet als sie.

Darf man Gin Tonic als Jungbrunnen empfehlen?

*J*A. Hier die Begründungen.

Die Queen Mum wurde 102 und wie mir die Königshausinformanten erzählten, war sie dank achtbaren Gin-Tonic-Genusses bis zuletzt toll drauf. Sie war smart, flink, unendlich gelassen und irgendwie auch richtig schön.

Als Gin-Tonic-Experte darf ich mich nicht der pietätvollen Aufgabe entziehen, Mums Medizin näher zu erläutern.

*W*ohlan, ich habe eine ganze Weltregion, den Kreisbogen zwischen Hongkong und Mauritius zum Gin-Tonic-Gürtel erhoben. Nichts nährt den europäischen Forscher in Meeresluft und Sonne besser als dieser Drink, der sich wie alles Große durch noble Geradlinigkeit auszeichnet.

Allerdings bin ich mit dem normalen Rezept nicht einverstanden. Dieses verlangt 4 cl Gin, Tonic Water bis zum Strich des Longdrinkglases, dazu eine halbe Scheibe Zitrone. Das ist Baby-Urin und ich verwette meinen ältesten Shaker, dass Mum ein bissl heftiger zuschlug, sagen wir in Richtung 6 cl.

Erst bei dieser Menge kommt Freude auf. Das hat mit dem Gin zu tun. Gin Tonic ist ja sinnlos, wenn das *Wacholderische* des Gins nicht durchschlägt. Und selbst diese 6 cl, die ich vorziehe, garantieren dies nur in einem Fall, bei einer einzigen Gin-Marke.

Ich will es mir mit den großen und verdienstvollen Marken Gordon's, Tanqueray und Bombay Sapphire und vielen anderen nicht verscherzen (auch der Bols-Gin zeigte sich durchaus achtbar), aber wenn ich den müden Kopf in ein erfrischendes Wacholder-Bett legen will, nehme ich, wann immer es geht, den „Beefeater". Da dieser nach den schweigsamen Bärenmützen-Wachen des Buckingham-Palastes benannt ist, ist er ex logo auch die Wahl der *Queen Mum* gewesen.

Ich will nicht verhehlen, dass sich nach ihrem Tod ein paar Sekretins des Buckingham Palaces wichtig machten und beteuerten, sie habe bis zuletzt Gin Tonic auf Basis von *Gordon's London Dry Gin* eingenommen. Doch habe ich jene Zeugen im Verdacht, dass ihre Nachkommen noch heute *one bottle Gordon's a week* gratis beziehen.

Gin Tonic als Erfrischungs-Garant ist klar. Und als Verjüngungsmittel lieb und teuer. Da ich meine Leser als Ernährer noch lange um mich haben will, nenne ich auch andere Lebensverlängerer, die außer Zweifel stehen.

Zu erwähnen beispielsweise der Apfel („one apple a day keeps the doctor away"), die Orange (Killer der zellschädigenden freien Radikale), ein Stamperl kretisches Olivenöl und steirisches Kernöl, ein köstliches Aspro zur geschmeidigen Glättung des Bluts und die hohen österreichischen Rotweine. Ich durfte in eleganten Medien wiederholt darauf hinweisen, dass es lebensgefährlich ist, keinen Rotwein zu trinken. Auch der weiße und sogenannte *frührote* Veltliner machen einen schlanken Fuß.

Weiters erwähnenswert sind die Rezepte des Welt-
literaten Ernst Jünger, der unter den 102-Jährigen der
schönste und frischeste war. Erstens: täglich kalt
duschen – auch Äpfel werden kalt gelagert. Zweitens:
täglich eine Flasche Champagner – auch die Zellen wollen Vergnügen (hier könnte sich Gin Tonic einschwin-
deln). Drittens: nix Blödes lesen – auch das Hirn kann
vergiftet werden.

*E*s trifft sich, dass Gin Tonic im Mund jenen herben
Geschmack hervorruft, der auch beim Verlust von Vor-
urteilen zu schmecken ist.

Gin is british, isn't it? Er ist so englisch wie Union Jack,
John Cleese und die Schuppen auf den Nadelstreif-
schultern von Londoner Bankern, nicht wahr?

Nicht wahr. Gott behüte. Die Herkunft weist aufs
französische Wort für Wacholder: *genièvre.* Da ist der
Schritt zum holländischen Genever nicht weit, ein erstmals im 16. Jahrhundert erzeugter, mit Wacholder ver-
setzter Branntwein.

Englische Truppen verschleppten das Destillat auf
die Heimatinsel, wo es zunächst aus Kornbranntwein
nachgebaut wurde. Heute ist seine alkoholische Basis
ein mehrfach destillierter Alkohol, der mit Wacholder-
beeren, Korianderkörnern und Kräutern aromatisiert
wird.

Der erste britische Gin brachte keine liebenswürdi-
gen, robusten Lichtgestalten wie *Queen Mum* hervor,
sondern wurde sogar zur „nationalen Krise" ernannt.
Viel soziales Elend, wie es von Charles Dickens beschrieben wurde, hatte direkt mit der Qualität des

frühen englischen Gins zu tun, der vermutlich tödliche Mengen von Methylalkohol enthielt. Erst im 19. Jahrhundert wurde er respektabel. Prächtige „Gin-Paläste" des viktorianischen London hoben seinen Ruf. „Diese prächtig ausgestatteten Lokale", schreibt Franz Brandl, ein Barmixer von Weltruf, „waren die eigentlichen Vorläufer der heutigen Bars".

Im 20. Jahrhundert wurde der britische Gin unverzichtbarer Bestandteil der „American Bars", und zwischen den beiden Weltkriegen zum internationalen Standard, als Longdrink *Gin Tonic*.

*H*eute hat es Sinn, Gin Tonic als britisch anzusehen, nicht erst wegen Queen Mum.

Erstens wurde der Longdrink durch englische Schriftsteller à la Joseph Conrad und Somerset Maugham berühmt, deren Geschichten vom exotischen Kontrast Europa-Asien, England-Indien, England-China und England-Ozeanien handelten.

Zweitens rettete Gin Tonic englischen Kolonialherren das Leben.

*D*ie Gouverneure und Gummi-Plantagen-Manager starben wie die Fliegen, wenn sie, angeödet von der Leichtigkeit des Seins, in der Hitze *Scotch-Whisky* tranken. So entstand die Lebensweisheit: *Don't touch the stuff, until the sun goes down*. Trinken vor der Nacht wurde als lebensgefährlich erkannt.

Da sich aber nur wenige mit Tee erfrischen wollten, während sie auf den Inseln vom eleganten, kultivierten London träumten, war die Erfindung eines Longdrinks wie Gin Tonic (oder des ehrenwerten Pimms-Nr.1-Long-Cocktails) ein Segen.

Auch wegen des *Tonic Water*, das ebenfalls kein Engländer erfand, auch wenn man Herrn *Schweppe*, der ein Deutscher war, dafür hält. Tonic ist eine wasserklare, kohlensäurehaltige Bitterlimonade, die in Deutschland und Österreich mit maximal 85 mg Chinin pro Liter versetzt ist. Dem Chinin wird Kopfklärung und Fiebersenkung nachgesagt. Niemand weiß, wie viel davon Placebo und Psychosomatik ist. Achtbare Tonic Water, die auch als Chinine Water, Indian Chinine Water und Indian Tonic Water im Handel sind, kamen von Schweppes, Carlsberg, Tuborg, Faxe und Kinley.

Ich ziehe aus sentimentalen Gründen *Schweppes* vor. Ehe ich dem Journalismus verfiel, war ich Werbetexter. Mein oberster Chef, der weltberühmte Werbe-Guru David Ogilvy, hielt den *Schweppes*-Etat. Er war seinen Marken auch als Konsument treu. Er ließ sich gern in einem Rolls-Royce fotografieren, dessen pfiffigste *headline* ("Das lauteste Geräusch in einem Rolls-Royce ist die elektrische Uhr") er erfunden hatte. Er bereiste die Insel *Puerto Rico*, die er bewarb, und trug *Hathaway*-Hemden.

Als er Ogilvy-Austria-Boss Wolfgang Slupetzky und mir ein privates Wochenende in seinem südfranzösischen Schloss in Touffou schenkte, war er hoch betagt. Der gebürtige Schotte sollte eigentlich keinen Alkohol mehr trinken, wie seine mexikanische Liebste sagte. Wir tranken gleichwohl steife Gin-Schweppes, aus Pflicht und Neigung – und so wie Queen Mum als Lebenselixier.

Darf man über Geisteskrankheiten Witze erzählen?

*N*EIN, bitte nicht.

Die leise, kluge Mehrheit ist darin zu loben. Man weicht diesen Witzen aus. Man spricht nicht mal drüber, weil man begreift, darüber zu wenig zu wissen. Man fühlt auch eine natürliche Scheu. Selbst Kräuter-Hexen, die alles besser wissen, schweigen dazu. Sie überlassen die Welt der Geisteskrankheit jenen, die versuchen, auf dem neuesten Stand der Forschung zu helfen.

Umso grauenvoller die Minderheit von lautstarken Primitivlern, die Witze über geistig Versehrte schätzen, weil diese die Einzigen sind, denen sie sich überlegen fühlen.

Die Forderung, wahre Höflichkeit als Sache der Herzensbildung anzusehen, missachten zuweilen auch gute, aber unachtsame Mitbürger. Und zwar öfter als früher, wie es scheint. Vielleicht abgestumpft durch Grausamkeit und Gewalt in Fernseh-Serien, verlieren sie ihren Sensor für guten Geschmack. In der Gegenwart invalider Menschen erzählen sie Krüppelwitze. In der Gegenwart greiser Menschen erzählen sie Alterswitze. Ihre entsetzten Entschuldigungen, sobald sie den Fehler begreifen, machen alles nur schlimmer.

„Erst denken, dann sprechen" war früher eines der wichtigsten Gebote, wenn es um die Erziehung von Kindern ging. Man sollte es wieder ausgraben – für die Erwachsenen.

Darf man mit Fremden über Krankheit, Sterben und Tod sprechen?

*N*EIN.

Der sogenannte normale Mensch geht am Abend unter Menschen, um seine schwermütige Seele zu entlasten und erleichtert aufzufliegen, im heiteren Gespräch mit Gelächter und Wein. In diesen Stunden ist das Leichte, das Sekundäre, Unvernünftige, Amüsante und Freche gefragt, nicht die grübelnde Suche nach den letzten Dingen.

Zumindest gilt dies für alle zufälligen Bekanntschaften mit Fremden, die man an Wirtshaustischen, Bar-Theken oder in den Pausen-Foyers von Theatern trifft, die der leichten Muse verpflichtet sind.

Nur Perversler verlassen ihr Heim, um, mit köstlicher neuer Schwermut beladen, im Morgengrauen heimzukehren. Dies ist ihnen unbenommen – des Menschen Wille ist sein Himmelreich. Doch sollten sie die Höflichkeit aufbringen, sich abgesondert in eine Ecke zu setzen und von dort her alles zu hören und aufzusaugen, was ihnen die glückliche Gewissheit gibt, dass die Welt untergeht.

Begeisterte Misanthropen sind aufgefordert, sich freiwillig zu isolieren. Sie gehören nicht in Gesellschaft. Die Erfahrung lehrt, dass schon ein einziger Lebens- & Menschenverächter eine Katastrophe ist. So wie ein Tropfen Tinte ein ganzes Glas Wasser trüben kann, so kann eine lustvoll-kranke Seele ein Rudel braver Bürger, die eben noch froh gefeiert hatten, in den Freitod treiben.

*E*in besonders gefährlicher Tintentod können die Alten sein. Ich darf dies sagen, da ich selbst schon zu den reifen Jahrgängen zähle. Nach meinen Erfahrungen mit den Altersgenossen (sagen wir grob: Pensionisten, Eisenbahner also ab 45) sollte man die Lebensweisheit *„Jung und Alt sollen nicht gemeinsam wohnen"* ausdehnen auf: „Jung und Alt sollen am Abend nicht gemeinsam trinken". Die Alten reden zu gern von Krankheit und Sterben und Tod, nicht von gesunden Freuden.

Allerdings muss man auch hier vor Verallgemeinerung warnen. Man darf die Schale nicht samt der Banane wegwerfen. Es gibt eine Teilmenge (etwa ein Drittel) von alten Mitbürgern, die erst im Ruhestand zur Höchstform auflaufen und zu den Fröhlichsten zählen, die man *Downtown* sieht.

Sie wirken wie Dr. Faust auf seinem Osterspaziergang: „Vom Eise befreit sind Strom und Bäche". Sie sind das Entzücken junger Wirtshaus-Freunde, auch weil sie meist Geld auf der Kante haben und mit Freirunden begeistern. Hier handelt es sich praktisch immer um Männer. Die weiblichen Pendants sind sogar zahlreicher, aber leiser und kulturell höher anzusiedeln. Man findet sie eher in der Nähe von Konditoreien, Theater und Oper. Da sie den Wert des Schönheitsschlafs schätzen, gehen sie auch früher heim, fallen also als Abend- & Nacht-Phänomen nicht auf.

*D*ies alles heißt nicht, dass die Themen „Sterben" und „Tod" grundsätzlich uninteressant wären. Speziell in Wien finden sich (einem korrekten Klischee entsprechend) immer wieder kleine Nachtschwärmer-Rudel, die diese Themen lieben. Dabei handelt es sich meist um Lebenskünstler und Philosophen, die einander schon länger kennen und als Erzähler schätzen. Und die, was fremde Zuhörer nicht glauben würden, extrem lebensbejahend sind. Sie wissen, dass sie, dem Thema Tod entgegengehend, diesen vor sich herschieben: „Solange ich über ihn spreche, bin ich nicht selber tot."

Österreich, im Speziellen Wiener und Wiens Künstler, gelten darin als unerreicht. Ein musikalisches, glänzend arrangiertes Meisterwerk schenkten uns Ambros/Prokopetz: „Es lebe der Zentralfriedhof", geschrieben und komponiert zu dessen 100. Geburtstag. Schon die Idee, den Geburtstag eines Friedhofs zu besingen, macht unsterblich. Zu Qualtingers Zeit fielen auch er und sein Freund André Heller mit tödlichen Liedern auf, die entschieden mithalfen, gern zu leben. Wie letztlich auch Thomas Bernhards Schriften.

Deutsche und schwyzerische Künstler haben ihre österreichischen Kollegen immer für ihre leichte Hand zu diesem Thema bewundert. Gleichwohl gehen manche von ihnen als „Ehren-Wiener" durch. In der Schweiz Bichsel und Widmer, in Deutschland zum Beispiel Bazon Brock. Der 77-jährige Kunst-Philosoph, ein Wunderkerzerl teils merkwürdiger, oft funkelnder Kultur-Reform-Ideen, schrieb den folgenden Text. Er ist preußisch-polternd, dennoch aller Ehren wert:

„der Tod muß abgeschafft werden, diese verdammte Schweinerei muß aufhören. Wer ein Wort des Trostes spricht, ist ein Verräter"

Ich entdeckte diesen Text in Berlins *Sophie-Gips-Höfen*, unweit der Galerie Alexander Ochs, die den chinesischen Künstler Ai Weiwei in dessen schwierigster Zeit betreute, als Tafel in eine Wand gesetzt wie eine Karlsruher *Majolika*. Es muss kein Nachteil sein, im deutschsprachigen Raum zu leben.

Darf man als Geistesarbeiter fitness-hysterisch sein?

*D*ie Antwort hat zum Ziel, die Fitnessbewegung auf Sinn und Unsinn abzuklopfen. Das ist umso wichtiger, als sie die größte Bewegung der Gegenwart ist und das Leben fast aller Leser streift.

Die Anmerkungen des Autors ruhen zum Teil auf neuer Wissenschaft, zum Teil auf eigener Erfahrung, die sich aus massiven Erniedrigungen und kleinen Siegen zusammensetzt. Diverse Tipps, die in diesem Kapitel gegeben werden, sind ohne Gewähr. Bezüglich der Risiken und Nebenwirkungen wenden Sie sich bitte ans Salzamt.

*F*angen wir mit der Geschichte der Fitnessbewegung an. Eine Sache versteht man erst dann wirklich, wenn man ihre Wurzeln begreift. Gemessen an ihrer heutigen Wucht ist die Fitnessbewegung blutjung, maximal dreißig Jahre alt.

In der Karriere-Welt der Manager und Unternehmer galten noch in den 1970er-Jahren drei Prinzipien, die heute befremden.

Erstens: Die Hierarchien waren steil und im oberen Bereich praktisch frauenfrei.

Zweitens: Im Führungs-Stil galten militärische Grundregeln wie „anschaffen und gehorchen".

Drittens: Die unteren Ränge waren körperlich eher dünn, die Manager & Unternehmer deutlich dicker als ihre Untergebenen.

Die heutigen Schimpfworte „dick" und „übergewichtig" gab es damals nicht. Erfolgreiche, übergewichtige Herrschaften (also Männer) galten als *stattlich*, vergleichbar den Häuptlingen afrikanischer Stämme, deren Bauchumfang als Signum für Erfolg und Wohlstand gesehen wurde.

Wer sich mithilfe des Chauffeurs aus der Mercedes-S-Klasse wuchtete (die damals nur Jaguar als Konkurrenz kannte, noch keinen Audi A8, BMW 7 und VW Phaeton), durfte dabei gern auch eine Zigarre rauchen, ohne von Gesundheits-Hysterikern belästigt zu werden. Als gesund galt einer, der sich die teureren Ärzte leisten konnte.

Schnitt und Überblendung auf heute: *Tempi passati*, die alten Zeiten sind vorbei. Manches ist um 180 Grad gedreht. Die Hälfte der Führungskräfte ist bereits schlanker und fitter als der Durchschnitt der Mitarbeiter.

Dieser Umschwung wurde teuer erkauft. Man opferte gute Teile der knappen Freizeit. Man holte professionelle Hilfe, um möglichst schnell schlank und sportlich zu werden. Wer ehrgeizig, aber nicht geldgeizig war (und ist), beschäftigte (und beschäftigt) eigene Ernährungsbegleiter und *personal fitness coaches*. Oft kommen noch Sitzungen beim Psychiater dazu, um die anstrengende Umstellung mental zu verkraften. Dennoch scheitert gut die Hälfte aller Bemühten. Warum eigentlich?

Als Mann mit gutem mitteleuropäischen Kampfgewicht (Euphemismus für *verfettet*) habe ich alles probiert und studiert. Ich verrate einerseits, wo die Hunde begraben liegen. Und anderseits, wo neues Licht am Horizont funkelt.

Es gibt drei Grund-Elemente im titanischen Kampf um Verschlankung: das *Wollen*, die *Ernährung* und die *Bewegung*. Jedes dieser Elemente hat abgründige Tiefen.

Das Wollen: Der „Wille zur Veränderung" kennt unabhängig vom Geschlecht einige natürliche Feinde. Erstens die eigene Trägheit. Es ist schwierig, langfristige Umstellungen durchzuhalten. Zweitens die guten Freunde/Freundinnen, die selbst dick sind und vor der „Hässlichkeit und der faltigen Haut der Abgemagerten" warnen. Lotte Tobisch, Ex-Grande-Dame des Wiener Opernballs: „Ab fünfzig hast du die Wahl: Gesicht oder Hintern." Drittens die eigenen Geliebten und Ehepartner. Die wollen eigentlich gar nicht, dass man allzu schlank und attraktiv wird und andere Frauen/Männer anzieht wie das Licht die Insekten. Man kennt Ehefrauen, die ihre geliebten Ehemänner in eine Form kochten, die sie für andere Weiber uninteressant machte.

Die Ernährung: Kurz gesagt, erwiesen sich alle Diäten für den Hugo. Am Ende wiegst du oft mehr als zuvor. Sie führen zu einem ständigen Ab & Auf, zum sogenannten

Jo-Jo-Effekt. Man darf aber nicht ungerecht sein: Einige erzielten mit reiner Protein-Diät („Atkins" etc.) oder vegetarischer Ernährung schöne Erfolge. Die einzige, nicht einseitige und also verheißungsvollste Diät beschrieb der Medizin-Kabarettist Bernhard Ludwig in seinem Bestseller „„Morgen darf ich essen, was ich will'-Diät". Dort geht es wesentlich darum, an jedem geraden Tag zu fasten, an jedem ungeraden Tag aber nach Lust und Laune beliebig zuzulangen. Dies fällt, falls sie die Eingewöhnungszeit überstehen, erstaunlich vielen erstaunlich leicht. Es führt zu verblüffend deutlichen und haltbaren Ergebnissen. Wahrscheinlich deshalb, weil es unserem Steinzeit-Programm entspricht. Damals aß man selten, aber dann viel, weil es für das mühselig erbeutete Wild keinen Kühlschrank gab.

Die Bewegung: Auch sie blieb in unserer Ur-Software fix verdrahtet. Sie rührt aus der Zeit her, wo wir jedem Steak und jeder Heidelbeere hinterherlaufen mussten. Dieses Bewegungsprogramm wurde leider nie gelöscht, obwohl das heutige Leben nur noch die Bewegungs-Kondition für den Geschlechts-Akt und die hundert Meter zum Auto verlangt. Fazit: Wir brauchen sinnfreie Zusatzbewegung, möglichst 30 Minuten pro Tag oder wenigstens dreimal pro Woche.

Für junge Leute darf es jede Art von Bewegung sein. Für ältere, schon verfettete Wiedereinsteiger ist hingegen bereits Joggen gefährlich, weil es Sehnen, Knöchel, Knie und Hüften überlasten kann. Hier empfehlen sich eher zügige Spaziergänge – das von Peter Handke und Thomas Mann geliebte „frohe Ausschreiten". Als Ideal gilt Schwimmen, das aber (im Winter für alle, im Sommer für die Großstädter) einen hohen Brutto-Zeitaufwand verlangt. Reiche Unternehmer, die sich kein eigenes Hallenbad gönnen, sind Selbstverstümmler.

*Z*weifache *Good News* ist zu vermelden.

Erstens gibt es ein relativ neues Sportgerät, das jedem, der es entdeckte, mehr Vergnügen als Mühe bot: das *E-Bike*, auch *Elektrofahrrad* oder *Pedelec* genannt. Es verdoppelt die eigene Tret-Anstrengung. Es ermöglicht übergewichtigen Wiedereinsteigern auch fröhliche Fahrten im Hügelland, ohne den gesunden Fettverbrennungs-Puls zu verlassen. Alle drei tüchtigen, deutschsprachigen Länder sind mit erstklassigen (selbst gefertigten oder speziell komponierten) E-Bikes vertreten: Deutschland zum Beispiel mit *Riese-Müller, Kalkhoff* und *Diamant*, Schweiz mit *Flyer* und *Stromer*, Österreich mit *KTM* und *Puch* und *acies*.

Zweitens eine schöne neue, wissenschaftliche Erkenntnis, die „Spiegel"-Autor Jörg Blech in seinem Buch „Bewegung – Die Kraft, die Krankheiten besiegt und das Leben verlängert" enthüllte: Mollige, die sich bewegen, sind gesünder als Schlanke, die keinen Finger rühren.

Darf man Cocktails als leckere Medizin preisen?

*J*A, sage ich und entbiete den klugen Leserinnen und schönen Lesern ein herzliches *Prost* und *Gesundheit*. Oder ein *Dschedda*, wie die Han-Chinesen in Sezuan fröhlich sagten, wenn wir den objektiv grauenvollen

Hirseschnaps *Mao-Tai* tranken, der als einziger meinem Gaumen näher bekannte Brandy später aus den Regalen verschwand. Ein Mangel an Reinheit, so sagte man, habe sich mit einem Übermaß an Methylalkohol ungünstig verbunden.

Ansonsten ist von Alkoholika, sofern maßvoll genossen, selbst in gesundheitskritischer Zeit nur das Beste zu sagen. Man denkt beim Begriff Medizin zuerst an Rotwein und gleich drauf an Weißwein. Er gilt den Forschern als Wunder und einziger Grund, warum die Franzosen trotz zehnfachen Butter-Konsums die besten Herz-Werte haben. Weshalb man in Bordeaux sagt: „Es ist lebensgefährlich, keinen Wein zu trinken."

Ganz so toll sind die Cocktails nicht. Aber auch sie haben grandiose Meriten. Sie bewahren heutige Junk-Food-Gefährdete vor Vitaminmangel, locken mit Fruchtzucker die Endorphine und mit diesen ein lebensbejahendes Gemüt. So halten sie die heute bedrohlichen psychosomatischen Beschwernisse à la *Burn-out* im Zaun. Ihre oft bunte und immer schöne Gestalt weckt auch die positive Fantasie, selbst eine schlafende Libido.

So rutschten die Cocktails wie von selbst ins DARF-MAN-Programm. Außerdem waren sie zuverlässige Begleiter meiner Weltreisen. Und erhöhen den Wert dieses Buchs aufs Zehnfache. Denn etliche der genannten Rezepte waren bis heute geheim. Sie werden hier gratis verraten.

*W*ir eröffnen die Erinnerungs-Reise im Hotel *Sirenuse*, der einzigen Weltklasse-Herberge des berühmten Schwalbennestdorfs Positano.

„Ronald Reagan war da! Peter O'Toole war da! Sind beide grad erst zur Tür hinaus." Die Marchesa ist wunderbar. „Herrin des Hotels" passt auf sie. Sie ist höchster italienischer Adel, elegant, gastlieb, unleise, erfrischend indezent. Nachdem sie reserviert über Reagan und liebevoll über O'Toole gesprochen hat, wendet sie sich dem neuen Gast aus Österreich zu. *So, so, nonstop von Wien her, da sollten wir Sie eigentlich waschen, mein Herr. Aber Gnade vor Recht und Durst vor Sauberkeit*, sagt sie und stellt ein aquarellfarbenes Getränk hin, das ich rückwirkend als „Pink Cloud" erkenne.

4 cl Himbeersirup
1 Kugel Vanilleeis
2 cl Obers
10 cl kalte Milch

Für das dicke Blut eines Mannes, der zehn Stunden im engen Roadster saß, absolut tödlich. Alkoholfrei dazu. *Ist das Sirenuse ein Mädchenpensionat?*, frage ich. Als Ausgleich, mit letzter Kreislaufkraft (und ihre Achtung gewinnend, wie ich später erfahre), bestelle ich eine aufgespritzte Francesca Crusta.

3 cl Wodka
2 cl Blue Curacao
2 cl Grapefruitsaft
2 cl Ananassaft

Dabei wird der Rand eines Ballonglases in einem Zitronenviertel gedreht und in eine Zuckerschale getupft. Im Glas liegt eine Zitronenspirale, die Zutaten werden im Shaker mit Eiswürfeln kräftig geschüttelt und ins Glas abgeseiht.

„Bitte kein Obst dazu, keine Verzierungen und keinen Strohhalm", sage ich und frage: „Wie war das mit Peter O'Toole?"

Sie legt, nun ganz Geheimnis, den Finger an die blaublütige Lippe. Ein Stammgast springt ein, angenehme Erscheinung, deutscher Kunstsammler: „O'Toole sah kein Boot, keinen Fisch. Becherte Tage und Nächte mit der Marchesa. Ist vor zwei Wochen abgereist. 24 Stunden später sahen sie einander wieder, auf einer Party im Buckingham Palace. Sie als Hochadel, er als Ritter und *Sir*. Er flog quer übers Parkett auf sie zu und schrie: „Helfen Sie mir – ich kenne Sie, aber ich weiß nicht, woher."

„Ehrlich?", fragte ich.

„Ehrlich, Hand aufs Herz", sagte er und legte die Hand auf die Leber.

Singapur. Widerlich. Extra-faschistoide Verwaltung. So wie diese Herrschaften aus der schmutzigsten Hafenstadt die sauberste machten, kann es jeder. Wenn ein Einheimischer einen Tschick auf die Straße warf, nahm man ihn beim Krawattl und hielt ihn in die Singapur-ZiB-1-Kamera und sagte: „Dieses Schwein heißt Tschin-Li und wohnt in der Macao Road 13, Stiege 2, Tür 36."

Zumindest erzählte man mir das im *Raffles*. Das ist in dieser Stadt der einzige Trost für einen, der Hotel-

Klassiker sammelt, was keine Schande ist. Andere sammeln Puch-Waffenräder, Schmetterlinge oder farbige Damen. Einmal trank ich dort den weltberühmten *Singapore Sling*, logo. Wäre ja kindisch, es nicht zu tun. Das gliche der geisteskrank-originellen Attitüde mancher Intellektueller, Paris ohne Eiffelturm und Pisa ohne Schiefen Turm zu erleben.

Der Sling wird, ich traute meinen Augen kaum, wie Shell 98 ROZ abgefüllt, aus Zapfhähnen, man ahnt ein Riesenfass im Keller. Schmeckt aber sowieso nicht toll. Verstehe bei vielen Cocktails nicht, warum sie gar so populär wurden. Aber bitte:

4 cl Gin
2 cl Cherry Brandy
3 cl Zitronensaft
1 cl Grenadine
Sodawasser

Ich glaube, es war der große Barmixer Franz Brandl, dessen Cocktail-Bücher empfehlenswert sind, der eine verfeinerte Version erfand, den *Florida Sling*. Manche Erfindungen kommen auf leichtem Fuß. Er gab einfach 6 cl Ananassaft dazu. Das bringt's, meint er. Ich halte es für eine Verschlimmbesserung. Auf der öden Basis Singapore Sling kann nichts Gescheites wachsen, ein Trabi mit Spoiler ist immer noch kein Porsche.

*A*propos große Mixer. Rainer Husar ist einer. Er weiß legendäre eigene Wasserlöcher hinter sich, u. a. in Pörtschach, Wien, Klagenfurt. Wollte irgendwann wieder

Künstler, nicht hauptsächlich Unternehmer sein. Wirkt heute segensreich in dem von allen großen *Guides* (u. a. *A la Carte, Gault Millau, Falstaff*) hoch gelobten „Pfarrwirt" in Heiligenstadt, der wiederum Teil der legendären Mayer-am-Pfarrplatz-Domäne (Weinbau und Heuriger) im Besitz von Hans Schmid ist. Rainer Husar hat zum Millennium „The Shaker" vorgelegt. Cocktail-Aficionados suchen diesen Bildband in Antiquariaten (ich gebe meine letzten zwei Exemplare nicht her).

Es gibt ein paar Husar-Stücke, die man unter die großen Erfindungen der Menschheit reihen kann, knapp unter Gutenbergs bewegliche Lettern. Vier Beispiele dazu.

Jackpot
4 cl Vodka Wyborowa
2 cl Pecher Mignon
1 cl Zitronensaft
3 cl Pfirsichmark
6 cl Orangensaft

Klappe die Erste
(Mitschöpfer Otto Retzer):
3 cl Marillenbrand
2 cl Apricot Brandy
2 cl Zitronensaft
8 cl Orangensaft

Formula Uno
(gew. Niki Lauda)
4 cl Captain Morgan

3 cl Kokoslikör
6 cl Ananassaft
floaten mit Grenadine

Fraaaanz
(gew. Franz Klammer)
0,1 l Grüner Veltliner
0,1 l Soda
1 cl Chartreuse
Limettenscheibe

Anmerkung: Der Chartreuse (mehr als hundert Kräuter) gilt neben Underberg und Drambuie als bestgehütetes Geheimnis der Likörindustrie.

Auch Rainer Husar hat sich am Singapore Sling versucht. Bei ihm sieht er so aus:

4 cl Gin
2 cl Cherry Brandy
2 cl Zitronensaft
2 Barlöffel Läuterzucker
1 dash Grenadine
Soda

So schmeckt er mir zwar besser, aber eigentlich immer noch nicht. Dafür erfuhr ich bei Rainer einiges über die Geschichte dieses Drinks. Er wurde erstmals 1915 in der *Writers Bar* des Raffles von Ngang Boon gemixt. Ursprünglich hieß er *Straits Sling* und enthielt noch Benedictine und Angostura, vielleicht auch noch Maggi, wer weiß.

Noch nie habe ich so viel über einen Drink gewusst, der mir so am Gaumenzäpfchen vorbei geht.

*H*arry's Bar, Venedig, zirka 1990. Die Bar, sonst rammelvoll, ist nur locker gefüllt, beinahe gemütlich, draußen eine stille Kälte, niedergehalten von der nassen Tuchent des Novembernebels. Ich sehe Karl Kahane, den reichsten Mann Österreichs, in seiner Ecke bei einem bescheidenen Dinner. Er besitzt das Penthouse über der Harry's Bar. Sein Gesicht zeigt milde Verblüffung, dass sich heute schon jeder dahergelaufene Journalist die teuerste Bar der Welt leisten kann (Kahane liegt, wie ich höre, heute auf dem jüdischen Friedhof von Venedig begraben).

Ich stehe mit Arrigo Cipriani an der Theke. Er ist Nachfahr des großen Giuseppe Cipriani, dem wir den Bellini (und das Carpaccio) verdanken. Arrigo ist gut gelaunt, er schenkt mir eines der kultivierten Bücher, die er von Zeit zu Zeit schreibt, dieses heißt „Heloise".

Ich überlege an diesem Abend, ob ich wie ein Tourist *Bellini* trinken soll, der schmeckt ja ganz gut:

Frische pürierte Pfirsiche
1 cl Zitronensaft
1 Barlöffel Läuterzucker
mit Sekt verrührt

Ich nehme davon Abstand. Stattdessen wähle ich, ebenfalls wie ein Tourist, wegen des kalten Monats den zweiten Standard-Drink der Harry's, den *Martini dry*.

*A*n dieser Stelle wollen wir uns kurz in Ehrfurcht verbeugen: das ist *Der Klassiker*, mit dem großen Vorzug, nicht süß zu sein. Es hat mich immer gewundert, dass

Ladys, die Kitsch-Orgien wie den Cocktail *Alexandre* lieben, auch Martini dry mögen, aber die Flexibilität des feingliedrigen Geschlechts ist legendär. Der Martini dry gilt als großer Tröster der grünen Witwen Amerikas. Die englischen Kolleginnen ziehen oft Gin pur vor, was ein winziger und zugleich riesiger Unterschied ist.

So wie jede Kunst vom Primitiven übers Komplizierte zum Einfachen strebt, ist auch der große *Martini dry* von einfacher, doch edler Art: nur Gin und Vermouth dry und eine Olive.

Allerdings: Um das ideale Mischungsverhältnis werden Kriege geführt. Die trockenste Schule besagt, es genüge, die Flasche Vermouth neben das Glas zu stellen. Den meisten schmeckt wohl ein Verhältnis 5:1 (Gin:Vermouth) sehr gut.

Hemingway, der mit dem *Martini dry* der Harry's Bar untrennbar verbunden ist, liebte es trockener, irgendwo zwischen 10:1 und 15:1. Er wusste, Vermouth ist letztlich dazu da, wie Pril den wohlschmeckenden, aber wacholderisch verkrampften Gin zu entspannen. So wie ein Tropfen Tinte ein Glas Wasser färben kann, genügt im Prinzip eine winzige Menge.

Hemingway nannte seinen Harry's-Bar-Martini „Monty". Nach dem britischen Feldherrn Montgomery, der grundsätzlich nur dann angriff, wenn er über die 15-fache Übermacht verfügte – also 15:1.

In Harry's Bar wird der *Martini dry* in einem Gefäß serviert, das zum Preis in einem delikaten Verhältnis steht: ein Stamperl, ganz grad und schlicht und gar nicht groß, keine Wiener Likörstube würde es wagen, darin den stolzen Sandlern einen Inländer-Rum auszuschenken.

Ich schaue manchmal in Arrigos Gesicht, um zu sehen, ob es schon vom Preis-Leistungs-Verhältnis gezeichnet und verwüstet ist. Keine Spur.

*Ü*ber die Herkunft des *Maritini dry*, die ins 19. Jahrhundert reicht, gibt es zwei langweilige Theorien. Die eine hat mit einem Barkeeper aus San Francisco zu tun, der auf der Reise nach Martinez kreativ war. Die andere mit der ehrenwerten Firma Martini & Rosso.

Ungeachtet der unklaren Herkunft hat es meines Erachtens seit dem *Martini dry* keine Steigerung an schlichter Noblesse gegeben. Er ist gewissermaßen der höflichste Cocktail.

GÄSTE UND FESTE
Gutes Benehmen bei Einladungen

Darf man unsympathische Verwandte von der Hochzeitsliste streichen?

OH, GEWISS, wird mit Recht ein jeder sagen, der darin Erfahrung hat, also mindestens schon zweimal angetreten ist zu jenem Tag, der für Bräute angeblich der schönste, für Bräutigame aber der anstrengendste des Lebens ist.

Neben anderen Erschwernissen ist dieser Tag der einzige, wo man von vielen Menschen abgeleckt wird, ohne eine triftige Ablehnung vorbringen zu dürfen. Schon schlimm genug, von lieben Leuten befeuchtet zu werden, die an Hochzeitstagen immer Schnupfen haben. Aber die reine Hölle, dies auch Menschen gestatten zu müssen, die man immer schon tief verabscheute und als Ekel empfand.

Dies ist die physische Seite der Frage. Die psychische ist nicht minder dramatisch. Da die *Ungustln* der beiden nun zusammengehörenden Großfamilien längst wissen, dass man sie für Troglodyten und Dünnbrettbohrer hält, begleiten sie das Hochzeitstheater wie greise Logen-Muppets. Sie keppeln herum, finden Stück und Dramaturgie schlecht, die Blumengestecke geschmacklos und den Schampus zu warm, und ihre Segenswünsche sind von einer Falschheit, deren Gestank man gegen den Wind wahrnimmt.

Heirats-Profis, die schon mehr als einen Anlauf nahmen, weil sie dahinterkamen, dass die Formulierung „bis dass der Tod euch scheidet" nicht für alle Partner glücklich gewählt war, gehen oft noch einen Schritt weiter.

Sie halten nicht nur unsympathische Verwandte für entbehrlich, sondern auch die sympathischen Verwandten, zu denen meist die Eltern gezählt werden, auch die Geschwister und allfällig schon vorhandene Kinder. Auch sie haben Nachteile, die diesen lichten Tag zum dunklen Termin machen können. Sie halten Reden, deren Heiterkeit die Zehennägel aufrollt und alle Zuhörer in peinlichste Verlegenheit stürzen. Und die Weiber im Speziellen können es nicht bleiben lassen, sich augenzwinkernd zu erkundigen, ob denn „schon was unterwegs" sei, oder was man andernfalls nachkommensmäßig geplant habe.

Im Grunde ist gerade die Hochzeit eine hoch-intime Angelegenheit, deren Würde und Weihe mit der Anzahl der Zuschauer sinkt. Schlimm genug, dass ein Pfarrer (beim ersten Mal) und ein Standesbeamter und zwei Zeugen (immer) gefordert sind, um die Legalität der Verbindung zu sichern.

Erstaunlich zahlreich daher jene Hochzeiter, die nach Gretna Green, Las Vegas oder aufs Bikini-Atoll in die Südsee ausweichen, um dort vor angenehm seelenlosen, völlig unbeteiligten Beamten und Zeugen die Trauung vornehmen zu lassen. Diese kauft und bezahlt man vor Ort und sagt *Danke* und *Tschüs*.

Was übrigens immer noch, die Flugkosten eingeschlossen, dreimal billiger ist, als eine Riesenverwandtschaft zu verwöhnen. Zur Heiterkeit einer Hochzeit gehört ja in unseren Breiten, dass man bis zum Erbrechen vom Feinsten frisst und selbst als Abstinenzler bis zur Oberkante Unterlippe in Schaumweinen und Likören steht.

Fazit:
Ein JA zur Frage kann hier vorbehaltlos und ohne Unsicherheit empfohlen werden. Außerdem ist es per Saldo klüger, einen Tag lang durch Nicht-Einladung von unsympathischen Verwandten unhöflich zu wirken, als die ganze Versammlung auch noch bei späteren Scheidungsfeiern wiederzusehen.

Darf man Einladungen absagen?

*R*adio Gansterer sagt wie Radio Eriwan: *Im Prinzip JA*. Es gibt nur zwei Fälle, wo eine Absage bescheuert wäre.

Fall 1: Der Chef lädt dich als neuen Mitarbeiter in eine private Runde. Wenn du jung bist, deine Karriere vor dir und eine Familie zu ernähren hast, wirst du nicht Nein sagen. Falls du diese Fortsetzung der Berufsstunden in die Stunden der Freizeit nicht erträgst, musst du selbst Unternehmer werden. Dann hast du zwar auch kein Privatleben, aber es ist dann immer deine eigene Entscheidung.

Fall 2: Die Erbtante, mit der es zu Ende geht, lädt zu einem Abschiedsgespräch. Man wird da nicht unhöflich sein wollen.

In allen anderen Fällen gibt es gute Gründe, Einladungen abzusagen. Einige habe ich selbst gefunden. Manche lernte ich aus Biografien berühmter Leute, die Einladungen meist als ekelhafte Belastung empfinden.

Am leichtesten sind Einladungen abzusagen, wo man einer von vielen ist. Oft liegt ein Antwortformular bei, wo du nur die Zeile „Bin verhindert" ankreuzen musst. Dann kreuzt man halt an wie ein Analphabet, ohne weitere Begründung. Oder man schreibt: „Ein längst fixierter beruflicher Termin verhindert mein Erscheinen." So kann man boshaft mitteilen, dass die Einladung reichlich spät kam.

Heikler sind Einladungen in Privathäuser mit einer streng limitierten Anzahl von handverlesenen Gästen. Diese Einladungen sind für jeden, der seine Freiheit liebt, die Hölle. Sie kosten Zeit und Geld schon dadurch, dass man als Gentleman darauf antworten sollte. In noblen Fällen sogar handschriftlich. Dann schändet man dafür seine limitierte Montblanc „Lorenzo de Medici", opfert seine Spezialtinte „Dunkles Bordeaux" und das handgeschöpfte Büttenpapier mit eigenem Namens-Wasserzeichen.

Den Hauptgrund, private Einladungen auszuschlagen, lieferte Friedrich Torberg in der *Tante Jolesch:* „Man geht nicht in die Häuser". Ich habe die Weisheit dieses Satzes nicht gleich begriffen, später umso inniger.

Die Nachteile privater Einladungen im kleinen Kreis sind vielfältig. Zunächst muss man sich innerlich auf den Gastgeber vorbereiten, auch ein kleines Gastgeschenk überlegen. Hierzu ein Tipp, aber bitte nicht weitersagen: billige Autografen (zum Beispiel Ansichtskarten) bedeutungsloser Adeliger. Macht viel her, lobt den Gastgeber als kultivierten Historiker und kostet wenig.

Das eigentliche Problem ist immer die Gastgeberin, die sogenannte „Frau des Hauses". Sie erwartet zusätzlich schöne Blumen. Ich habe mich einst dem teuren Blumen-*rat-Racing* gebeugt, bin dann auf gestohlene Blumen aus den Gärten der Einladenden übergegangen und habe schließlich auf Torberg gehört und die Einladungen nicht mehr angenommen.

Denn so wie Torberg, der geniale Schöpfer des Romans „Der Schüler Gerber", ertrug ich die Damen der Häuser nicht länger. So wie er musste ich an ihrer Hand immer die ganze Villa besichtigen. Ich musste die Vorzüge der Schlafzimmer zur Kenntnis nehmen und mexikanische Totenmasken an den Wänden als grandiosen Kunstgeschmack loben.

Allerdings können auch Männer anstrengende Einlader sein. Motorrad-Clubs, die mich zu Rudel-Fahrten verführen wollten, schrieb ich: „Die Krähe fliegt im Schwarm, der Adler fliegt allein." Und als ein nobler, geschlossener Traditions-Golf-Club mich „ausnahmsweise" noch als *eingeladenes Mitglied* ansprach, behalf ich mir mit einem Satz von Oscar Wilde: „Ich verachte jeden Club, der meine Mitgliedschaft akzeptiert."

Natürlich bedankt man sich in jedem Fall auch herzlich. Doch irgendwann schafft man es, nicht mehr
eingeladen zu werden. Der Aufwand lohnt sich. Er verlängert die Lebensdauer um ein Jahrzehnt.

Darf man mit Mineralwasser anstoßen?

*Z*unächst einmal: JA. Andernfalls würde man in einer
irregeleiteten Zivilisation, in der die Seuche *Enthaltsam-*
keit um sich greift, nur noch selten den schönen Klang
von Gläsern à la RIEDEL und DENK-ART vernehmen.

Was ein Hinweis darauf ist, dass man bitte Mineral-
wasser wenigstens in so schöne Gefäße füllen sollte,
wie sie für das Brunnenwasser, das Weine begleitet,
üblich sind.

Im Übrigen soll man sich auch in dieser Frage nicht
allzu starr an alten Knigge-Aposteln orientieren, die oft
den Eindruck erwecken, sie seien nach langem Kerker
erst jüngst ans Licht der Gegenwart getreten, hätten
also nicht mitbekommen, dass sich mit den Zeiten
auch vieles änderte.

Diese Fossilien schreiben beispielsweise unverändert
vor, den Rotwein mit Raumtemperatur zu servieren.
Das hatte Sinn, als die Burgen noch unbeheizt waren
und 15 Grad Celsius schon als kuschelig empfunden
wurden. Heute, da uns Weicheiern 22 Grad als Mini-
mum der Behaglichkeit gelten, führt diese Regel zur
Rotweinvernichtung. Ich erlebte warme Servierungen,

die erstklassig geeignet waren, die Gichthände schwerer Trinker zu heilen, aber die knackige Substanz hoher Gewächse töteten, darunter großer Schöpfungen wie einem Fischer-Zweigelt der Thermenregion, einem Krutzler-Blaufränkischen vom Eisenberg und einer Kracher-Cuvée aus dem Neusiedler Seewinkel.

Greise Knigge-Pädagogen erzählen auch unverändert, man dürfe mit Bier nicht anstoßen – so, als wäre erstklassiges Bier nicht auch ein Kunstwerk. Hohe Herrschaften, mit denen ich tafelte oder die ich vom Nebentisch beobachtete, richteten sich keineswegs daran. Spaniens König Juan Carlos, der seine Spießgesellen gern im exklusiven Mallorca-Hotel *Formentor* bewirtet, stieß nicht nur mit dem großen Brandy seines Namens an, auch mit Bier. So wie auch tibetische Mönche in Lhasa, die ihr Bier aus Dschengdu in Sezuan bezogen, aus einer legendären deutschen Brauerei, die ins 17. Jahrhundert zurückreicht.

*W*ichtiger als die Frage, mit welchem Getränk man anstoßen (also eine freundliche, körperliche Berührung symbolisieren) darf, ist die Frage, wie oft man die Gläser klirren lässt. Begeisterte Trinker, speziell auch die hagestolzen Noblen, sind sich einig: Einmal genügt.

Die in unseren Breiten übliche Gewohnheit, praktisch jeden Schluck mit einem *Prosit* zu begleiten, und einem tiefen Blick in die Augen, der ewige Erinnerung verheißt, ist äußerst lästig und selbst an diplomatischen Tafeln abgeschafft. Es ist anstrengend genug, dem gerade pflichtschuldig einen Toast ausbringenden Offiziellen das Glas in der Luft entgegenzurecken.

Schon dies hat adelige Gentlemen wie Vicco von Bülow (Loriot) und Rowan Atkinson (Mr. Bean) zu Meisterwerken der Komik inspiriert.

Das gute Benehmen an Stammtischen und an großen, festlichen Tafeln hat viel mit Barmherzigkeit zu tun. Man richtet sich, so gut es geht, nach dem Ungeschicktesten.

Legendär die Geschichte vom Wiener Kongress, als ein Russe die Fingerschale, die zum Reinigen der Austern-Finger gedacht war, nach seinem Toast zur Lippe führte. Ein blitzschnell reagierender Wiener Diplomat zog nach, und gleich ihm die anderen.

Darf man runde Geburtstage feiern?

*J*A, aber nur, wenn man das richtige *Know-how* dafür hat. In meinem männlichen Freundeskreis hat es nur einer: ich. Darf ich dazu was sagen?

Meine Freunde sind nicht Freunde, weil sie so sind wie ich. Sondern weil sie anders sind. Sie ergänzen mich, ich sie. Einer läuft Marathon, was mir fremd ist. Einer ist schön, einer richtig gebildet, einer ist reich, einer raucht und trinkt nicht, einer hat den Weibern abgeschworen.

In einem Punkt bin ich besser als alle: Ich habe früh gelernt, mit runden Geburtstagen gut umzugehen. Die Freunde leider nicht. An jedem Jubiläumstag beklagen sie den Verlust der Jugend und die Nähe des Todes. Ich muss sie als Volltrunkene heimtragen, dort entkleiden, zu Bett bringen, zudecken und allein weiterziehen. Wird Zeit, zwei Möglichkeiten aufzuzeigen, runde Geburtstage wie zum Beispiel 20, 40, 60, 80 und 100 freudig und trinkfest zu genießen.

Möglichkeit 1: Die Rucksäcke der Vergangenheit abwerfen. Mit jedem Jahr wächst das Gefühl, man habe Unerledigtes zurückgelassen. Das Unerledigte hat sich längst selbst erledigt. Das merkt man aber erst, wenn man schreibend (oder diktierend) die Vergangenheit noch einmal mit sich selbst bespricht, in Text- & Ton-Dokumenten festhält und damit abschließt. Eine Verfeinerung verdanke ich dem Freund Robert Franz Hartlauer. Seine vergnüglich gestaltbaren und beinah billigen „Löwen-Fotobücher" bringen alles Frühere auch optisch in perfekte Ordnung.

Wenn dies geschehen ist, stellt man die Vergangenheit ins Regal. Und gewinnt unverzüglich das köstliche Gefühl, wie ein Kind wieder an der Null-Linie zu stehen. Die Zukunft möge kommen! Jeder künftige Tag ein Privileg, jede neue Tat ein Geschenk.

Es gibt schwere Fälle ab 50, die ich nicht verschweigen will. Sie spüren mein Konzept zwar als *richtig*, aber als *nicht ausreichend*. Sie müssen zuerst auch noch ihr Grab wählen und bar bezahlen und selber schmücken und ihr Testament hinterlassen, ehe sie den Neustart genießen können. Dann sollen sie dies in Gottes Namen tun. Es schadet ja nichts.

Möglichkeit 2: Man wird vom Mann zur Frau. Frauen sind mit dieser DARF-MAN-Frage immer intelligenter als Männer umgegangen. Sie grübeln sich nicht zu Tode, sondern lügen auf Teufel komm raus. Sie feiern zehn Jahre lang den 29. Geburtstag und zwanzig Jahre den 39. Geburtstag. Irgendwann später, von einem Tag zum andern, lassen sie sich als „attraktivste Ur-Omi der Welt" bestaunen. Das ist einer der Gründe, warum Damen ihre Herren altersmäßig um gut zehn Jahre überdauern.

Darf man das Weinglas am Stiel ergreifen?

*D*ie Frage mag Weinfreunde verblüffen, verlangt also eine kleine Vorgeschichte. Dieser Tage betrat ich ein Restaurant-Schiff, das am Wiener Donaukanal festgemacht ist. Es wird von Jugendlichen frequentiert – und an Tagen, da mir die Gleichaltrigen zu fad sind, auch von mir.

Ich beobachte die Jungen gern und diskret. Nur so bewahrt man ein Gefühl für die Zeit. Und ein spezielles Gefühl dafür, welche Höflichkeiten mit den alten Knigge-Büchern begraben gehören.

Es scheint beispielsweise sinnlos, gegen die Mode anzustinken, das Bier direkt aus der Flasche zu trinken. Mir selbst schmeckt es so nicht. Ich habe auch die Söhne, die gern im Freundesrudel aus der Flasche trinken, streng angewiesen, sich dabei niemals im Vorgarten zur Straße hin erwischen zu lassen, sondern ihr barbarisches Verhalten in den hinteren Garten zum Wald hin zu verlegen, wo sie nur von Eichkatzln gesehen werden. Im Großen und Ganzen hat es aber keinen Sinn, dagegen anzukämpfen – man muss geduldig warten, bis diese Mode abebbt.

Eine zweite Merkwürdigkeit beobachtete ich auf besagtem Restaurantschiff. Die Weine werden dort in schönen Gläsern gereicht, diese aber von den Trinkern am Glaskörper gefasst. Später am Abend, nun schon sensibilisiert, entdeckte ich in City-Bars auch Erwachsene, die es vermieden, das Weinglas beim Stiel zu nehmen. Ein entfernter Bekannter kritisierte mich sogar: „Dein Stiel-Griff ist unheimlich uncool", sagte er, „und wird heutzutage verlacht. Es wirkt so gestrig wie ein abgestreckter kleiner Finger beim Teetrinken."

„Klugheit kann niemals gestrig sein", belehrte ich ihn. Denn beim modernen Krall-Griff fallen vermeintliche Lässigkeit und krasser Unverstand zusammen. Ob man ein Weinglas am Stiel ergreift oder nicht, ist nicht eine Sache der Optik oder der Höflichkeit, sondern eine des Weingenusses und Sachverstands.

Den Körper des Glases mit allen Fingern zu umschließen, ist nicht cool, sondern umnachtet. Es hat konkrete Nachteile.

Nachteil 1: Wenn man den Wein, wie bei guten und erstklassigen Gewächsen üblich, zunächst auf Farbe und Schlieren prüft, hält man das Glas am Stiel schräg von sich weg, und dann gegen das Licht. Beim „modernen Griff" sieht man nichts und schüttet dabei die Hälfte aus. Weiters wird guter Wein noch vor dem ersten Schluck mit der Nase erfasst. Die Kraller riechen dabei eher ihre Finger, nicht den Wein.

Nachteil 2: Man muss beim Krallgriff-Trinken entweder den Kopf tiefer senken oder das Glas höher ans

Gesicht heben – beides ist würdelos. Es erinnert an die Bewegungsmuster von Ex-und-hopp-Trinkern, den sogenannten *Schüttis*.

Nachteil 3: Die Glasmanufakturen geben sich größte Mühe mit der Herstellung schöner, langer und federnder Stiele, um zu verhindern, dass der Weißwein durch die Handwärme zu warm wird. Dies war früher bei Schankweinen und stiellosen Achtelgläsern (die mit den grünen Weinranken drauf, wie heute noch in Vorstadtlokalen und Primitiv-Heurigen zu sehen) ständig der Fall. Entweder trank man den Wein „ex" oder er kochte.

Nachteil 4: Die Sache mit der Weintemperatur und dem Griff gilt auch für Rotweine. Halbgebildete wenden ein, beim Rotwein sei dies egal. Er werde, wie jeder wisse, ohnehin „bei Raumtemperatur" getrunken. Es gibt immer noch einen beträchtlichen Unterschied zwischen 37 Grad Körpertemperatur und der Raumtemperatur. Sowohl bei der heute üblichen und besonders der früher deutlich geringeren Raumtemperatur. Halbgebildete trinken den Rotwein zu warm. Das nimmt selbst Weltklassewein seinen Schmelz und führt zu schneller Ermüdung des Trinkers. Wenn er dann einschläft und das Glas aus der Hand fällt, ist es allerdings tatsächlich egal, wie es gehalten wurde.

DORT UND DA
Gutes Benehmen in der Öffentlichkeit

Darf man an öffentlichen Orten wie Bushaltestellen etc. die neuesten Tanzschritte üben?

NEIN.

Oder sagen wir so: Es ist gesetzlich nicht verboten. Doch wer als höflicher Mensch darauf Wert legt, den Mitmenschen nicht auf den Wecker zu fallen, unterlässt es. Es sei denn, er ist gerade in Brasilien unterwegs. Dort, von Belo Horizonte bis Rio de Janeiro, sah ich einst alle Männer und Frauen beim Versuch, zum Song „Amadeus" die richtigen Schritte zu finden. Der Österreicher Falco war als erster Europäer zur Nummer eins in den Charts geworden. Man sah das also auch als Reisender gern.

Der nordische Mensch freilich, vor allem die Skandinavier und alle Deutschsprachigen, findet es nobler und insgesamt angenehmer, das Innerste nicht nach außen zu kehren. Man verachtet jeden, der aufdringliche Signale seiner Befindlichkeit aussendet, als Primaten oder Profilierungs-Neurotiker. Wer öffentlich

laut und gestenreich spricht, wird als ungebildet eingestuft. Auch Pullover-Aufdrucke mit halbwitzigen
Sprüchen werden als Hilfeschreie von Komplexlern auf-
gefasst, die der Welt zeigen wollen, dass sie mehr sind
als sie scheinen – oder wenigstens witziger sind als man
glauben würde. So drucken sie fremden, geborgten Witz
auf ihre Kleidung und hoffen, dadurch begehrter zu
sein. Erst gestern rätselte ich über einen Radfahrer, der
bei einer Radlertränke ein T-Shirt mit folgendem Auf-
druck zur Besichtigung freigab: „Ich bin nicht alt. Ich bin
ein Klassiker". Das ist gar nicht schlecht, wenn man es
en passant ins Gespräch einwirft, ganz nebenbei. Als
Aufschrei auf dem Leiberl wirkt es merkwürdig unangenehm. Vielleicht erwartet der betagte Radlfahrer, dass
aufgrund des Spruchs nun viele Gymnasiastinnen über
ihn herfallen, was allerdings während des Gspritztn,
den ich trank, nicht passierte.

Um es gleich zu gestehen: Einmal habe ich selbst
öffentlich Tanzschritte vorgeführt. Das war in Harlem,
New York. Ins Fotografieren versunken, war ich von
der Fifth Avenue unmerklich in die 101th Street geraten
und stand plötzlich als einziger Weißer mitten in
Harlem, umzingelt von Schwarzen, die man damals
noch Neger nennen durfte und die interessiert auf mich
und meine Kameras blickten. In meiner Heidenangst
entsann ich mich eines Ratschlags des Weltstar-Foto-
grafen Joel Meyerowitz: „Die Schwarzen haben größte
Angst vor Verrückten und würden sie nie berühren." So
tanzte ich mich mit epileptischer Haltungsnote und
laut singend zurück in die Sicherheit von Central Park
East.

Sollten Sie Harlem- & Bronx-Ängste schon bei der Bushaltestelle Strebersdorf oder in der Straßenbahn-Station „Jonas-Reindl" empfinden, steht es Ihnen frei, auch in Wien mitten unter den Leuten zu tanzen. Im Grenzfall geht Sicherheit über Höflichkeit.

Darf man die Sonntags-„Krone" entnehmen, ohne zu bezahlen?

Ah, eine tiefe, gefährliche Frage, die uns von einer Leserin erreicht, die in Aggsbach/Wachau gesäugt und in Wien-Brigittenau groß wurde. Eine boshafte Leserin, die weiß, dass ich einst mit „Krone"-Boss Hans Dichand im Streit stand, aber nicht weiß, dass wir diesen als Gentlemen in der Bristol-Bar beilegten.

Meine Antwort ist zunächst NEIN. Man darf nicht entnehmen, ohne zu zahlen. Ich bin grundsätzlich gegen die heutige Tendenz, alle schöpferischen Leistungen als vogelfrei zu sehen. Dies gilt auch für die tägliche *Kronen Zeitung*, vulgo „Krone". Umso mehr, als diese viel gescholtene Tageszeitung im Vergleich zu grausamen britischen Boulevardmedien ein zärtliches Blatt ist.

Schon gar nicht ist erlaubt, die Sonntags-„Krone" zu entwenden. Sie trägt einen Hochglanz-Purpurmantel wie Vatikankardinäle. Sie greift sich doppelt so dick an wie sonst. Sie bietet Sinn und Unsinn, Merkwürdiges und Absurdes und Friedlich-Schönes. Das ist nicht nichts und darf nicht mit nichts bezahlt werden. Hosenknöpfe und Sicherheitsnadeln sind als Zahlungsmittel streng zu verwerfen. Ausgenommen, es handelt sich um einen verarmten Geschichtsprofessor, der mit der Sonntags-„Krone" seine Habsburger-Bildung auffrischt. Ihm ist ungenommen, eine Zahlbewegung anzudeuten, aber nicht auszuführen.

Er wird, wie wir glauben, durch noble Einwerfer ausgeglichen. Wir wissen von Liebhabern, die echt goldene südafrikanische Krügerrand-Münzen versenken, um Roland Girtlers Kulturspaziergänge für immer zu sichern. Und auf dem Seidenpapier einer eingewickelten echtantiken Vindobona-Münze las man den Imperativ „Telemax für immer!", obwohl der treffliche Tmx in der Sonntags-„Krone" sein bürgerliches Tagebuch schreibt, das Kenner noch über die tägliche TV-Kolumne stellen. Demgemäß wird das 1993 bei Kremayr & Scheriau erschienene Werk „Robert Löffler: Telemax-Tagebuch" antiquarisch gehandelt wie der erste Reisebericht von James Cook.

Zeitweise steigt überhaupt der Verdacht auf, dass die Sonntags-„Krone" in Summe arg überzahlt wird. Jeder zweite wirft den doppelten Preis, also zwei Euro, ein, um ja nicht als Negerant dazustehen, falls der Vorgänger nichts bezahlte, als er die Sonntags-„Krone" aus dem Ständer nahm und damit zu seinem Wirten ging, um mit neuer Munition seine Stammtischbrüder fertigzumachen.

Darf man mit Fingern essen?

„Die Kinder von heute sind Tyrannen.
Sie kleckern mit dem Essen."
Sokrates (469–399 v. Chr.)

Linz liegt in gutem Sonnenlicht. Ich bin prächtig gestimmt. Dieser Tag „passt", wie die Oberösterreicher sagen. „Passt" ist ihr Lieblingswort. „Passt" ist ihr Erfolgsgeheimnis. „Passt" entspricht der Weisheit Wittgensteins, der die Sprache als lenkende Kraft pries. Weil die Oberösterreicher hundertmal pro Tag das zustimmende Wort „passt" sagen, sind sie das Wirtschaftswunderbundesland Österreichs.

Ich gehe durch die Wirtschaftswunderbundeslandslandeshauptstadt Linz und bin zufrieden mit mir. Ich hatte ein gutes Gespräch mit dem Landeshauptmann über Kunst, und ein gutes mit dem Du-Freund und Linzer Bürgermeister. Mir konnte nichts mehr passieren, glaubte ich.

Das Schicksal holte mich an der Bar des „Hotel Spitz" in Urfahr ein. Dort wartete eine E-Mail. Ein Gourmetmagazin ersuchte, über Nacht eine wichtige Frage zu beantworten: „Darf man mit Fingern essen"?

Bei dieser Frage wurde ich müde. Nicht, weil sie mir zu einfach war. Ganz im Gegenteil. Ich habe dergleichen viel lieber als die üblichen Fragen nach Kommunismus und Kapitalismus. Ich fragte mich nur, wo die Frage lag. Natürlich darf man NICHT mit Fingern essen, niemals.

*E*s ist schon eine Zumutung, dass man den deutschsprachigen Menschen aus Deutschland, Schweiz, Österreich, Süd-Tschechien, West-Slowakei und Nord-Slowenien erlaubt, öffentlich zu essen.

Das ist ausnahmslos so grauenvoll, dass ich auf meiner Wanderschaft durch diese Länder immer den *Room-Service* bemühte. Ich ließ mir nebst Blattsalat den lokalen Fisch, das lokale Huhn oder das Hüftscherzl eines gerade lokal ermordeten und schlecht abgehangenen Sklaven aufs Zimmer bringen. Dort verrückte ich alle Spiegel, um mich selbst nicht beim Essen zu sehen. Ich ertrage keine essenden Mitteleuropäer, am wenigsten mich selber. Alle Mitteleuropäer sind grausliche Esser. Sie sind grausliche Esser, die beim grauslichen Essen auch noch grauslich sprechen und beim grauslichen Sprechen auch noch grauslich denken.

Das ist kein Wunder, da sie die grauslichsten Werkzeuge benützen, die irgendwann ein Sadist erfand und später zur Norm erhob. Die klassisch-sadistischen Folterwerkzeuge Löffel, Gabel und Messer, von denen unablässig warmes Fett und das Blut vom „medium-to-rare" tropft, sind ein Anblick, der kaum zu ertragen ist. Man sieht sie und hört die Schmerzensschreie der gepeinigten Natur, selbst des Spargels. Man sehnt sich nach den Holzstäbchen Asiens.

*U*mgekehrt sehnt man sich zurück nach diesen metallischen Design-Objekten, sobald man eines Wieners oder gar Bayerns ansichtig wird, der die Folterwerkzeuge zur Seite legt und mit den Fingern isst. Das ist, wie man sagt, überhaupt ein Todesschock. Es gibt in der ganzen

Natur nichts, was annähernd so hässlich wäre wie Finger, die man, weil sie zum Essen benützt werden, erstmals aus der Nähe besieht. Auch die schönsten Finger sind hässlicher als alles andere. Sie sind beispielsweise achtmal hässlicher als jeder Winkel einer Peking-Ente, die als hässlichstes Grundnahrungsmittel der Welt gerühmt wird. Auch Finger mit perfekt manikürten Nägeln sind so hässlich, dass man sich daran totsehen kann.

*D*araus folgert logisch, dass man absolut nichts mit Händen essen darf, keine Hendln und keine Schweinespieße und gar nix. Als Anhänger der neuen, intelligenten Gesellschaft zur Beförderung des hautfarbenen Handschuhs, die mich neuerdings sponsert, empfehle ich den hautfarbenen Handschuh. Er wirkt immer apart und appetitlich. Egal, ob man mit Besteck, mit Stäbchen oder mit Händen isst.

Darf man beim Essen mit einem Vegetarier über Fleisch reden?

*N*EIN, auf keinen Fall. Man würde seinem Visavis gleich für Tage den Appetit rauben. Speziell Veganer lieben das Prinzip „Ich esse nichts, was ein Gesicht hat". Das ist ein starker Satz. Er fährt auch Fleischfressern, die nach Dschingis Khan geboren wurden, gehörig unter die Haut.

Wenn du also beim Essen einem Vegetarier begeistert vom Tafelspitz und dem blutigen Steak vorschwärmst, sieht er das panische Antlitz seiner Lieblingskuh vor sich und hört ihr Todesgebrüll. Er hat vielleicht das gleiche Gefühl wie unsereins, wenn wir auf Reisen mit gastfreundlichen Kannibalen speisen, die genüsslich streiten, ob der Unterschenkel einer Frau zarter sei als der bekannt zähe Unterarm eines Mannes.

Wie so oft fängt auch in dieser DARF-MAN-Frage die wahre Herzensbildung weit vor der Höflichkeit an. Es ist die Frage zu stellen, warum man als Fleischfresser überhaupt mit Vegetariern oder Veganern essen gehen sollte? Mit diesen feinfühligen Mitbürgern, die keinerlei Spott verdienen, geht man doch besser in Bars, um bei Drinks das Notwendige zu besprechen. Stehen und Trinken sind fürs Denken ohnehin förderlicher, wie jeder Medizinwissenschaftler bestätigen kann.

Und wenn man, beispielsweise als Diplomat, schon gezwungen ist, mit einer streng pflanzlich orientierten Außenministerin Indonesiens zu tafeln, dann wird man sich als Gent (wienerisch für *Gentleman*) halt weder Fleisch noch Fisch bestellen, sondern sich höflich in Erinnerung rufen, dass man selbst schon viele köstliche vegane Speisen entdeckte. Auch in den Elendsjahren der Nachkriegszeit, als sich der Durchschnittsbürger nur einmal pro Woche Fleisch auf dem Teller leisten konnte, gediehen die Menschen prächtig.

Einen Absatz muss ich noch hinzufügen, damit mich die *Veggies* nicht fälschlicherweise für einen guten Menschen halten. Ich bin ein begeisterter Fleischfresser geblieben, aus einigen Gründen. Erstens aus Solidarität. Viele Freunde, darunter ein Gewürzfabrikant, fromme Bauern und alle meine Stammwirte, leben von Fleisch und Wurst. Zweitens geht es mir wie Kubanern und Boxern. Nach einem fetten Huhn mit gelbem Reis singe ich besonders schön, und nach einem Riesen-Steak *(medium-to-rare)* halte ich um zwölf Runden länger durch als ohne.

Genau genommen gibt es noch einen Grund: Trotz. Mich nervt das Missionarische der Pflanzenfresser und das Beleidigend-Belehrende der Tierschützer. Ich gebe ihnen in vielem Recht, hasse aber ihre selbstgerechte, eifernde Art. Sie führt manchmal zu groben Reaktionen. Ein Beispiel: In meinen 30 Jahren als Herausgeber & Chefredakteur des Wirtschaftsmagazins *trend* hatte ich eine tüchtige Mitarbeiterin. Sie war glänzend, genau und fleißig, nervte aber mit ihrer ewigen Kampagne gegen Gänsestopfleber. Als sie wieder mal eine Story darüber ins Heft schwindeln wollte, ließ ich diese durch, versah sie aber mit einem neuen Titel: „Gänse, wollt Ihr ewig leben?"

Das war nicht höflich, aber enorm befreiend: gesunde Nervennahrung.

Darf man stundenlang im Kaffeehaus sitzen?

*J*A, zumindest in Wien, wo dieses Buch entsteht, aber auch an guten Orten in Deutschland und in der Schweiz.

In Heidelberg bin ich, ohne nachzubestellen, sogar länger in Frieden gesessen als im Café Prückl in Wien. Auch im berühmten *Sprüngli* in der Bahnhofsstraße in Zürich genügten eine Champagner-Trüffel und ein kleiner Espresso für ewiges Hausrecht. Dort hatte ich allerdings wie zufällig die vergoldete Contax RTS auf den Tisch gestellt, die damals teuerste Kleinbildkamera.

Dergleichen war in Wien nie sinnvoll. Man mag kein Blendwerk. Man erkennt es auch nicht. Man verlangt Manieren, Reinlichkeit sowie un-proletarisches und un-preußisches, also leises Auftreten. Alle Gäste sollen gut lesen und gute Bestseller schreiben können, wie beispielsweise Robert Menasse.

Oft kriegte Menasse im Café Drechsler zehn Gläser Wasser zum ersten Espresso, weil er beim Arbeiten nicht aufblickt. Das gleicht sich bald aus. Im Glücksrausch des pflichterfüllten Tages oder spätestens dann, wenn der Roman „Don Juan de la Mancha" oder der Buch-Essay „Der europäische Landbote" zu internationalen Bestsellern werden und der Autor seine Freunde an die Quelle der Schöpfung lädt.

Fast ein Wunder, dass Menasse der *Arbeit in der Öffentlichkeit* treu bleib. Denn die Klischees des Wiener Kaffeehauses gelten fast nur noch für Nichtraucher. *Happy Smoker* Menasse wurde vom einst legendären Sünder-Café und dann beflissen-gehorsamen Nichtraucher-Café *Sperl* ins kurzzeitig liberale Café *Drechsler* am Naschmarkt abgedrängt, von dort weiter ins *Korb*. Wo er auf sachliche Magazin-Publizisten wie mich traf, die aus gleichen Gründen wie er andere Kreativ-Cafés wie *Bräunerhof* und *Hawelka* fliehen mussten.

Ah, das *Hawelka*, ich liebe die jungen Chefs dort, Amir und Michael, immer noch wie ihre berühmten Urahnen Leopold und Josefine. Aber irgendwann gab es dort die letzte Zigarette mit dem Maler und Holzschneider Wolfgang Herzig. Zweimal Ah auch fürs *Bräunerhof*. Dort erlebte ich als Kaffeehausjüngling, wie Thomas Bernhard mit roten Augen alle Literatur- & Bühnen-Kritiken aller Tageszeitungen las, die er nach eigenem Bekunden niemals gelesen hat. Die Oberkellner liebten meine Drohung: „Sobald ihr freundlich werdet, verlasse ich euch." Die Jungchefin schrieb mir noch über den Kampf ums Gehsteiggeschäft im Sommer. Ich will aber ein Heimat-Kaffeehaus, in dem der schneenasse Wintermantel im Rauch meiner Marlboro 100 trocknet.

Die meisten Raucher haben irgendeinen Ersatz in *Downtown-Vienna* gefunden, im Wege der Emigration auch Neues gelernt. Aber *Aus* und *Schluss*. Das Thema *Kaffeehaus* braucht ein Buch, nicht das Boxer-Geviert einer DARF-MAN-Frage.

Darf man sich in der Sauna die Nackten anschauen?

*E*igentlich JA, doch sind im Interesse der Gesundheit einige Erwägungen anzustellen.

Prinzipiell hat Siegfried Lenz mit der Erzählung „Unter Dampf gesetzt" alles gesagt, was wir einst als blauäugige Österreicher, Deutsche und Schweizer über die finnische Sauna wissen wollten. Ich archivierte diese Erzählung als unverschwitzt und kugelrund.

Nun, da diese DARF-MAN-Frage eines Lesers einlangte, sehe ich Lenz' Lücken. Die wichtigste: Lenz spricht von einer Herrenrunde, erzählt, dass seine finnischen Freunde sich dafür entschuldigten, „keine Weiber zur Hand" gehabt zu haben, die ihnen Kernseife auf dem Rücken verrieben und nachher die Laubpeitsche schwangen. Die Frage, ob man sich Nackte anschauen dürfe, war uninteressant, zumal alle Beteiligten in Lenz' Erzählung, auch Lenz selbst, als heterosexuell dargestellt waren.

Komplizierter wird es, wie eigentlich immer, wenn eine Frau die Bühne betritt. Da greift schnell Unsicherheit um sich. Selbst Sigmund Freud, den viele als größten Frauenkenner seit Dschingis Khan (der 12.000 Nachkommen zeugte) handeln, sagte am Sterbebett: „Ich fragte mich, was das Weib will." Dann fiel kraftlos sein Haupt: „Ich weiß es nicht." So zumindest in der Darstellung des eminenten Sexual-Kabarettisten Bernhard Ludwig im Programm *Anleitung zur sexuellen Unzufriedenheit*.

*M*eine Feldforschung unter Frauen mündet in folgenden Ratschlag: Wenn eine Frau deine Sauna teilt, der es ums Abnehmen geht, drehst du dich als Gentleman nicht um. Wenn sie allerdings eh schon ihre Idealfigur wiedererlangt hat, mit deutlicher Taille und Grübchen an den richtigen Stellen, geht sie vielleicht in die Sauna, weil ihr langweiliger Alter sie schon lang nicht mehr angeschaut hat, also die einfachste Form der Zuneigung unterließ.

In diesem Fall ist es dem fremden Höflichen erlaubt, sich umzudrehen und einen vagen Blick auf die hinter ihm hingestreckte Schöne zu werfen, gewissermaßen mit Blick aufs Ganze zunächst, wie gedankenverloren.

Wenn er nicht schon dabei kreischend mit Fußtritten getötet wird, steigt die Frage auf, ob er den Blick auch fokussieren und schärfen darf, beispielsweise auf Brustspitzen und Nabel. Und schließlich auf das, was Gustave Courbet als „Ursprung der Welt" (*L'Origine du monde*) und skandalösestes Bild aller Zeiten malte: das verschachtelte Kunstwerk der Vulva mit Kitzler und Schwellkörper. Deren genaue, mit hartem Bleistift gezeichnete Darstellung an noch unbehaarten jungen Damen hat einst auch Egon Schiele im niederösterreichischen Neulengbach in den Kerker geworfen.

Oft mag dabei frisörtechnisches das naturwissenschaftliche Interesse begleiten. Oft kann es ja nur darum gehen, lockende Frisuren zu studieren, deren Vielfalt oft auch meinen Freund und Star-Coiffeur Erich Joham (Salon er-ich, Wien) verblüfft und beschämt hat. Die Vielfalt reicht von weit ausufernden Borneo-Dschungeln, wie sie in den Alpen modern blieben, zu mathematisch perfekten, gleichschenkeligen Dreiecken und locker umlockten Verheißungen, schließlich zu den beliebten Irokesen-Apostrophen und der Frisur à la Kojak.

Ein Gentleman, der artig sein Kunstinteresse darstellen kann, ohne gleich kurzatmig zu sabbern, wird oft damit belohnt, an der Hand der schwitzenden Schönen ins Kaltwasserbecken springen zu dürfen. Das hält auch verräterische Erektionsansätze im Zaun.

Falls er sich aber total geirrt haben sollte und getötet wird, kriegt er, wie ich höre, im Sauna-Ursprungsland Finnland den Helsinki-Orden in Eichelnuss auf Eichenblatt verliehen. Man wirft ihm finnische Zobel ins Grab nach, und eine gemischte, nackte Sauna-Band spielt Sibelius.

Darf man als Gentleman in kurzen Hosen auf die Straße gehen?

NEIN und NEIN. Und NEIN. Österreich hat diese Lektion auf harte Weise gelernt. Einer der talentiertesten Politiker, ein fescher Außenminister und Kanzlerkandidat, stolperte darüber, als er in einem Anfall unangemessener Lockerheit im Ausland dabei ertappt und fotografiert wurde. Fortan ging für ihn alles bergab.

Die Schweizer gingen dieses Risiko gar nicht erst ein. Sie wissen kurze Hosen, meist aus Leder, in tiefe Inzest-Täler verbannt. Nur die Deutschen, von Rimini südwärts, sind noch Botschafter des attraktiv-bleichen, nordeuropäischen Männerbeins. Selbst die Engländer, einst gleichfalls darin berüchtigt, sind mittlerweile auf Bermudas ausgewichen, die auch von der Jugend des 21. Jahrhunderts geliebt werden.

Die kurze Hose findet ihre letzte Berechtigung in der Leichtathletik und für jene, die nicht nackt schlafen, als luftige Boxer-Short im Bett, dort immerhin ein erfreulicher Fortschritt für alle, die vor Kurzem noch den isabellweißen Feinripp-Slip als unwiderstehlich begriffen. Hier zeigt sich übrigens die Macht der Kunst. Seit den Feinripp-Karikaturen des Weltklasse-Cartoonisten Manfred Deix zählen alle Feinripp-Produkte zu den gefährdeten Arten.

Darf man Geschäftsessen verweigern?

*N*EIN und JA.

NEIN, weil es nicht zulässig ist, den Wirtshäusern und Restaurants, die zum guten Teil davon leben, einen Schaden zuzufügen. Sie sind die letzte, funktionierende Gemeinschaftseinrichtung für menschlichen Kontakt. Ohne sie würde jeder nur noch daheim vor TV und PC sitzen.

JA, wenn der Geschäftspartner nicht bereit ist, während des Essens auf Geschäftsgespräche zu verzichten und diese auf die abschließenden Gänge „Kaffee & Cognac" zu verschieben.

Hintergrund: Ich ließ mich früh von jenen Medizinern überzeugen, die gleichzeitiges Essen (egal ob Lunch oder Dinner) und Entscheidungs-Stress als Krankmacher kritisierten.

*E*s ist klüger, die harten Geschäfts-Fragen in die behagliche Kaffee-Stunde zu verlegen, vielleicht sogar auf einen anschließenden langen Spaziergang.

Vorspeise, Hauptspeise und Dessert sind dennoch geschäftlich wichtig. Sie sind wunderbare Gelegenheiten, den Geschäftspartner „jenseits des Geschäfts" als Privatperson näher kennenzulernen. Ob man mit einem Business-Partner auf Dauer gut fährt, hängt nicht nur von Warenqualität, Dienstleistung und Preis ab. Sondern langfristig auch davon, ob man Sympathie empfindet und Tugenden wie Vertrauenswürdigkeit und Handschlag-Qualität spürt. Um dies zu erkennen, sind lockere Gespräche über Freizeit, Familie und Lebensphilosophie dienlich, die man während des Essens führen kann.

Ich konnte schon viele Manager und Unternehmer von dieser Zweiteilung überzeugen, auch viele Interviewpartner in meiner bis heute währenden, jahrzehntelangen Arbeit für das Wirtschaftsmagazin *trend*. Einer der Ersten, dem ich davon erzählte, Bundeskanzler Franz Vranitzky (von 1986–1997), war sofort begeistert: „Finde ich richtig. Und beneide Sie ein wenig. Ich kann dies meinen Staatsgästen nicht so ohne Weiteres verordnen." Zu zweit hielten wir uns dran, in Gesprächen fürs Magazin und als wir die Festreden eines großen *Leykam*-Events hielten, ich als Vorletzter, er als Krönung.

Ich will zu diesem Thema noch einen heutigen Schatten nennen. Weltfremde Politiker, die sich heute ahnungslos als Korrektheits-Fanatiker aufspielen, haben schon wertvolle Restaurants zerstört, die von Geschäftsessen lebten. Sie halten grundsätzlich jede Einladung für einen Bestechungsversuch und behandeln sie steuerlich entsprechend. Darf ich dazu was sagen? Ich kenne keinen Unternehmer, der seine Entscheidungen von einem bezahlten Wiener Schnitzel abhängig macht. Auch keinen Ministerialrat. Ich glaube eher, dass es dem Bruttonationalprodukt und damit indirekt dem Staatsbudget nützen würde, die Geschäftsessen zu fördern. Unternehmer sind dynamischer, wenn sie sich verstanden, nicht verfolgt fühlen.

KUNST UND KITSCH
Gutes Benehmen in Fragen der Kultur

Darf man öffentlich gestehen,
mit Oper und klassischer Musik nichts am Hut
zu haben?

Als liberaler Autor (und tolerantester Knigge-Autor aller Zeiten) müsste ich eigentlich JA sagen. Ich sage dennoch NEIN.

Ein JA würde zu vielen Ignoranten recht geben, die grundsätzlich jede Mühe scheuen, sich auf Höheres einzulassen. Und die auch in der Welt der Musik jeden für einen Idioten halten, der seinen musikalischen Sinn über Roy Blacks „Ganz in Weiß" und Nana Mouskouris „Weiße Rosen aus Athen" hinausentwickelt.

Diese Ambition ist zunächst mit Anstrengung verbunden, wurde aber immer mit einem Happy End belohnt.

Im Übrigen gilt: Klassikliebe heißt nicht Verachtung der Nichtklassik. Auch Blasmusik, Volksmusik und Popmusik haben ihren Stellenwert, nicht zuletzt sentimentale Verdienste. In manchen Situationen sind sie für Herz und Seele erquickender, als selbst ein Mozart sein könnte.

Berühmte Dirigenten der klassischen Musik haben ihre Zuneigung zur Brauchtumsmusik bekannt, sobald sie nach Jahren ihr Heimatdorf wieder sahen. Und Klassik-Sänger gestehen ihre Nähe zu Schlagern, die sie an erste Jugendlieben erinnern. Was die sogenannte Pop-Musik anlangt, deren Name für *popular music* steht, also von vielen geliebt wird, so hatten die besten Werke immer auch Anhänger aus dem sogenannten „ernsten Fach".

Zumal zum Pop korrekterweise auch gute Operetten, Musicals wie Bernsteins „West Side Story" und luzide Stücke der wärmeren Jazz-Richtungen wie etwa „Take Five" zählen. Und niemand wagte bisher, die lyrischen Bestseller der Beatles als minderwertig einzustufen.

Liebhaber der klassischen Musik tun sich also leicht, auch anderes gelten zu lassen. Ihre Gegner hingegen sind meist unerbittlich in ihrer Ablehnung, obwohl – oder eben weil – sie sich niemals mit ihr auseinandersetzten. Die schlichtesten Gegner der Klassik erkennt man an jahrhundertealten Gemeinplätzen. Sie lachen über Opernhelden, die auf der Bühne im Sterben noch singen. Und machen sich über durchkomponierte Werke lustig, nur weil sie länger dauern als ein Fußballspiel.

Man sollte ihre Fehler nicht kopieren und sich seinerseits über die Klassik-Gegner lustig machen. Man weiß, dass Klassik-Liebe (wie auch Liebe zur Weltliteratur) zunächst an das Glück eines bildungsbeflissenen Elternhauses gebunden ist, das Musik hochhält und die Kinder ermutigt, Instrumente zu erlernen. Alle anderen Wege sind vergleichsweise mühsam. Vereinzelt können

gute Lehrer helfen, in der Schule das Versäumte nach-
zuholen, obwohl törichte Politiker den Musikunterricht
praktisch töteten. Ein extra heller Lichtstrahl war Marcel Prawy, der als TV-Opernführer gleich Hunderttau-
sende eines Besseren belehrte.

Wirklich verloren ist man aber nie. Ein tröstliches
Beispiel sehe ich beim täglichen Rasieren. Schon fast
vierzig, wurde ich vom Schweinsohr zum Verehrer
höherer Musik, was aber etliche Zufälle voraussetzte.
Beispielsweise einen längeren Aufenthalt in der Dixie-
land-Metropole New Orleans, dann die Wahnsinns-Arie
in „Lucia di Lammermoor" mit Edita Gruberová, und
zwei Initialweckrufe von Tschaikowsky, die Symphonie
in Es-Dur und das als Kitschwerk kritisierte *Capriccio
Italien*. Vieles kam seither dazu. Nach und nach auch
manches, das lange Zeit zu schwer schien für den musi-
kalisch Ungebildeten: Anton Bruckner, Richard Strauss,
Richard Wagner (ah, Lohengrins Grals-Erzählung, Tris-
tan & Isolde). Igor Strawinsky erschloss sich nach langem Sträuben so gründlich, dass ich seinetwegen die
venezianische Friedhofsinsel San Michele aufsuchte
und am Grab des Meisters per Kassettenrecorder seine
„Riten des Frühlings" (*Le sacre du printemps)* abspielte.
Dies als Beispiel, wie viel dankbare Freude die klassi-
sche Musik bescheren kann.

Ich verdanke ihr auch einen witzigen Nachmittag.
Operführer Marcel Prawy und ich teilten zeitweise
einen Friseur hinter der Volksoper. Eines Tages pro-
vozierte ich ihn boshaft: Ich würde, sagte ich, mir jetzt
nur noch die schönsten Arien anhören und das Fade
rundherum bleiben lassen. Er schrie wie ein angesto-

chenes Tier: „Sie sind ein Unglück. Schreiben Sie das wenigstens nicht. Sie dürfen doch nicht nur Schmalz, sondern müssen auch Brot fressen!"

Ich habe ihm, der jeden Tag seines Lebens in die Oper ging, nicht erzählt, dass ich mir die Klassik am liebsten zu Hause gebe. Da kann ich mir die Sitznachbarn aussuchen, darf trinken und rauchen dabei. Und weiß letztlich doch, dass das Live-Erlebnis in Oper und Musikverein und Konzerthaus nicht zu ersetzen ist. Klassik daheim, mit einer guten Hi-Fi-Anlage, ist aber besser als gar keine. Vor allem die Instrumentalwerke erwiesen sich auch als bekömmliche Begleitmusik fürs Schreiben. Sie sorgen wie ein Metronom dafür, dass man in Schwung bleibt und nicht aus dem Rhythmus kommt.

Tipps für Anfänger:
Extrem anregend und motivierend sind alle Hilfen des fulminanten, extrem verständlich schreibenden Kritikers der *Süddeutschen Zeitung*, Joachim Kaiser. Speziell sein zweibändiges Werk KAISERs KLASSIK (Verlag Schneekluth), aber auch seine Biografie ICH BIN DER LETZTE MOHIKANER (Ullstein) mit vier CDs seiner Lieblingseinspielungen sind herzlich empfohlen.

Darf man in wirtschaftlich schwierigen Zeiten ins Theater oder zum Konzert gehen?

*J*A.

*B*eginnen wir, der Frage nachzugehen, warum das vordergründig Nutzlose noch immer nicht als Grundnahrungsmittel gilt. Warum die Kultur im Allgemeinen als Luxusspeise, die Kunst im Speziellen als exotisches Gewürz abgetan wird; warum zweckfreie Lust und Freude am Spiel, die in der Antike vorrangige Elemente des Lebens waren, heute im Ruf giftiger Nachspeisen stehen. Und warum „das Denken um des Denkens willen" gar nichts gilt, daher auch gern mit dem kultivierten Etikett „Luftpudern" versehen wird.

*A*uf der Suche nach Antwort wählte ich Umwege und die wissenschaftliche Methode der *Induktion*: Ich schloss von einzelnen, authentischen Erlebnissen aufs Ganze. Etwa so, wie Bildhauer angesichts der Fünf-Meter-Statue „David" von Michelangelo auf den ursprünglichen Marmorblock schließen, aus dem er gehauen wurde.

*A*uf diesen Induktionsfahrten durch Wien entdeckte ich zwei Welten. Eine gute, die ich von früher kannte, und eine ungute, die mir unbekannt war. Zuerst die gute. Man begreift, warum die Mercer-Studie seit Jahren Wien als lebenswerteste Weltstadt auszeichnet.

Auch hier sterben Lokale, aber unüblich viele Ikonen wie Eden, Reiss, Bellini, Wolke, Motto, Roter Engel, Planter's und die meisten Hotel-Bars überlebten. Und die wertvollen Promis aus der Welt von Kunst & Geist können hier gut privat sein. Sie bleiben unbehelligt. Die Österreicher sind dezenter als sie selbst flagellantisch glauben. Sie begegnen den globalen Stars und dem lokalen *stardust* ideal: mit distanzierter Bewunderung. Weshalb die Sterne hier gerne öffentlich strahlen, was der Stadt guttut. Ich hörte dazu schon früh Komplimente von Peter Ustinov (Imperial), Richard Burton (Hotel Bristol) und Mickey Rourke (Plaza-Hilton).

Jetzt, wieder eingetaucht in die Seele Wiens, erkenne ich aber auch die Kultur-Verwöhnung der Bürger. Anders gesagt: Dekadent seit Jahrzehnten, nehmen sie das eigene Kultur-Wunder nicht mehr wahr. Zirka hundert Prozent aller Japaner kommen wegen der Hochkultur zu uns, also Oper, Musikverein, Konzerthaus, Mozart, Haydn, Bruckner, dann auch Makart, Klimt und Schiele und Schnitzler, Bahr und Zweig. Jüngere wollen auch die aktuelle Wunderstadt kennenlernen, mit tausend modernen Künstlern aller Art. Eine Stadt, die Nobelpreisträger wie Elfriede Jelinek, Oscar-Regisseure wie Stefan Ruzowitzky und Oscar-Schauspieler wie Karl Markovics und Christoph Waltz aus dem Ärmel schüttelt.

An vielen Österreichern, auch Wienern, rasselt dies vorbei, sobald die Zeiten wirtschaftlich strenger werden. In der vermeintlichen Not wird die Kultur zum Feind. Geist und Kultur werden automatisch zurückgestuft, als seien sie nur für die schönen Tage da, so wie Christbaumschmuck nur im Dezember hervorgeholt wird.

Dabei weiß man heute, dass Kultur eine Lokomotiv-Branche ist. In modernen Städten schafft sie bereits mehr neue, bunt gestreute Arbeitsplätze als die alte Lok-Branche IT (Informations-Technologie).

Die Künstler selbst darf man nicht fragen. Sie verschlimmern die Sache in ihrer Not. Sie verlangen zuweilen, man möge die Subventionen der Wiener Oper streichen. Man könne damit 10.000 bisher erfolglose Künstler ernähren. Sie begreifen nicht, dass sie damit ein gemeinsames Fundament untergraben. Irgendein Anfang muss aber gemacht werden, um nicht die Kunst weiterhin als erstes Opfer jeder Spar-Welle preiszugeben.

Vielleicht sollten sich die FreundInnen in der Kunst-Politik und in den Medien-Kunst-Ressorts nicht nur dem täglichen, aktuellen Vogelschiss widmen, sondern auch einer aufklärenden Vogelschau, sofern sie selbst eine haben. Sie würde ergeben, dass Kunst und Kultur unendlich wichtiger sind, als sie in Krisenzeiten behandelt werden.

Darf man bei der Einrichtung Stile und Farben mischen?

*J*A.

*W*ie schäme ich mich heute über die Finsternisse meiner Geschmacklosigkeit. Wie in Dantes „Divina Com-

media" waren es Kreise der Hölle. Der einzige Trost liegt
darin: Sie wurden mit zunehmendem Alter kühler und
blasser. Sollte ich hundert Jahre alt werden, werde ich
vielleicht noch einen Tag vollendeten Geschmacks erleben.

Dann würde ich sagen können, ich sei – auch in Fragen des Interieurs – zweimal gut gewesen: einmal als
Kind, einmal im höchsten Alter.

*G*egen den Einrichtungs-Stil des Kindes, das ich war,
ist weder theoretisch noch praktisch etwas einzuwen-
den. Nach übereinstimmender Aussage meiner Eltern
war ich ein Berserker. Noch in ihren alten Tagen besan-
gen sie meinen Egoismus und Gestaltungswillen. Ich
ordnete alle meine Möbel (Vollholz Fichte) neu an, also
den Zeichentisch, das Kinderbett und die wahnsinnig
wichtigen Regale, in denen neben den Standardwerken
„Pippi Langstrumpf" und „Hatschi Bratschis Luftballon"
eigentlich nur Koala-Bären und die Modelle nacht-
schwarzer Gangster-Limousinen standen.

Bei der Neuordnung der Möbel zeigte ich vermutlich
einen kindlich-unverdorbenen Instinkt für Feng-Shui,
den man später als Erwachsener erst wieder mühselig
lernen muss. Die Wände und der Fußboden trugen im
buchstäblichen Sinne meine Handschrift. Ich bemalte
sie mit den Gestalten meiner Fantasie. Viele Jahre
später, als ich bereits die Hochschule besuchte, kam
man dahinter, dass ich selbst die Unterseite meines
Tischchens bemalt hatte.

Mit einem Wort: Alles war mein eigener Stil. Dieses
Selbstbewusstsein habe ich nie wieder erreicht. Und,

wie ich fürchte, auch meine Freundinnen und Freunde
und Leserinnen und Leser nicht.

*E*s ist ein Fluch des Erwachsenwerdens, die egoistische
Unbekümmertheit der Kindheit zu verlieren. Später
schielt man nach rechts und links. Es wird wichtig, was
andere denken. Dies ist das Ende der Unschuld. Wie in
der Paradies-Parabel der Christen wirst du dir deiner
Nacktheit bewusst. Du fängst an, dich zu bekleiden.
Kleidung und Einrichtung sind dann immer auch Maske und Rollenspiel.

Kurzum: Nach der Kindheit beginnt die Epoche der
Fremdbestimmung, der viele zeitlebens nicht entrin-
nen. Du richtest dich nicht mehr so ein, wie du dich am
wohlsten fühlst. Sondern so, wie *man* sich einrichtet.
Das Wort *man* ist das Schlüsselwort einer geistesar-
men Schickimicki-Gesellschaft. Deren Uniformität wird
dadurch überdeckt, dass sie in Zeitung & TV als ge-
schmacksbildender Teil der Bevölkerung gefeiert wird.
Das Gegenteil ist der Fall. Ich weiß, wovon ich rede. Ich
wurde in viele dieser Wohnungen geladen. Und damals,
als ich diese Einladungen noch annahm, entdeckte ich,
wie schön eine unverdorbene Almhütte, ein japanisches
Teehaus oder das verrückte, aber warme Atelier eines
verarmten Künstlers sein kann. Denn jene anderen
Wohnungen und Häuser waren nicht für ihre Bewohner
eingerichtet, sondern für Besucher.

*D*ie fremdbestimmten Wohnräume zeigen einige Tod-
sünden, die man als Außenstehender sofort spüren
kann.

Todsünde 1: Schwärmerei und Signale. Bei Teenagern entzückend, bei Erwachsenen peinlich. Betagte Frauen deuten mit dem teuer gerahmten Poster des nackten Rudolf Nurejew unverminderte Sinnlichkeit an. Betagte Herren beweisen mit Einstein, Russell oder Bellow an der Wand ihre geistige Tiefe.

Todsünde 2: Angeberei. Hierzu ein beklemmendes Beispiel: ein Neureicher, der eine kleine frühe Picasso-Zeichnung mit einer eigens geätzten Kupferplatte als solche kenntlich machte. Welch ungeschickter Aufwand. Die Dummen interessiert es nicht, die Klugen hätten eh gefragt.

Todsünde 3: Stilreinheit. Geistloses Strebertum enger Geister, die nie die Frische des Unreinen und Multikulturellen fühlten. Der Gegenpol sind die Sauhaufenwohnungen internationaler Souvenirsammler. Man hat da die Wahl zwischen Pest und Cholera.

Todsünde 4: Farbreinheit. Die billigste Art, scheinoriginell zu sein.

Bin ich mit dieser grausamen Aufzählung ein Feind der Einrichtungsberater und Einrichtungshäuser? Ganz im Gegenteil. Sie sind große Hilfen, um das interessanteste Neue und qualitativ Beste im Rahmen des eigenen Geschmacks zu finden. Man darf ihnen nur nicht übel nehmen, dass sie auch dann antworten, wenn ein reicher, armselig Fremdbestimmter fragt, was gerade gefragt ist.

Darf man ein Buch ein zweites Mal lesen?

*N*EIN.

Du liebe Güte, natürlich nicht. Das wäre unfair, wie sollen da die 300.000 Neuerscheinungen pro Jahr eine Chance haben? Oder auch nur die 1000, die deutschsprachig in die engere Wahl kommen?

Ich schenke daher alle nicht vom Autor gewidmeten Bücher her. An wen? An Briefträger, Kellner, Nachbarn im Kaffeehaus – je nachdem, wer grad in der Nähe ist, wenn ich die letzte Seite gelesen habe. Die daheim ausgelesenen Bücher dränge ich meiner Herzallerliebsten und den Kindern auf. Manche lehnen sie brüsk ab – keine Zeit oder kein Interesse wegen Abartigkeit des Themas.

Für diesen Fall habe ich eine schöne, neue Adresse. Die kultivierte Familie Schön führt das klasse Lokal „Zum Weinbeißer" im Grenzland von Strebersdorf und Stammersdorf. Man hat dort einen Büchertisch eingerichtet, den die Gäste beliebig bestücken und plündern dürfen. Ich nahm dort einmal eine Bedienungsanleitung für den Microsoft-Windows-Jahrgang 2002 mit, aus Mitleid. Und ein wunderbares, zerfleddertes Büchlein über Franz Marc, Piper-Verlag 1954. Es beinhaltet die Postkartenmotive des Künstlers, der Held der Künstlervereinigung „Blauer Reiter" war. Titel: „Botschaften an den Prinzen Jussuff".

Ein Nebenaspekt: Gerade jene Mitbürger, die nicht wirklich lesen, aber gern ihre Wände mit Büchern tapezieren, werfen mir die Herzlosigkeit des Bücherverschenkens vor und beteuern: „Ich könnte ohne meine Bücher nicht leben." Einer dieser Aufhauer-Sippe prahlte damit, einen besonders schönen Nachkriegs-Jahrgang eines Lexikons gekauft zu haben. Eine logisch sinnlose Investition. Und trotzdem noch sinnloser, als ich dachte. Jahre später gestand er mir, dass er beim Abstauben dahinterkam: Tschechisch.

Zweiter Nebenaspekt: Eine Magazin-Kollegin fragte, ob ich wirklich kein Buch ein zweites Mal gelesen hätte. Ich wollte sie nicht anlügen. Es gibt ein paar. *Faust 1* von Goethe, *Die Unruhe* von Pessoa, *Herzog* von Bellow, *Orlando oder die Liebe zur Fotografie* von Theroux.

Und jedes Buch des Radikal-Poeten *Herbert Wimmer* lese ich hundert Mal, um auszugleichen, dass er nur ein Hundertstel dessen verkauft, was er verdient.

Darf man mit der U-Bahn zum Opernball fahren?

*D*erzeit: NEIN

Später: JA

George Orwell prognostizierte einst das Jahr 1984 als *Big-Brother*-Jahr der perfekten Staatsüberwachung – witzigerweise das Jahr, als der fröhliche Apple-PC namens *Macintosh* das künstlerische Individuum entfesselte.

Ich prognostiziere 2033 als das Jahr, da man mit der U-Bahn zum Opernball fahren darf, mit kleinerem Risiko als Orwell. Man wird in zwei Jahrzehnten sowieso nur noch mit der U-Bahn hinkommen, allenfalls mit Taxi und Zweirädern (Bikes, Scooters, Fahrräder) und zu Fuß. Wichtiger als dieser Technik-Faktor wird der soziologisch-ökonomische Faktor sein.

In den 20 Jahren bis dahin werden wir die Wirtschaft zu einem kybernetischen System entwickelt haben, das von selber läuft, jeden Bürger mit einem fantastischen Grundeinkommen versorgt und den Klassenkampf besiegt hat.

In der U-Bahn wird es ur-egal sein, ob du im Frack oder im Inline-Skater-Dress an der Stange hängst, oder in einem Schrebergarten-Schürzerl mit der Schopenhauer-Aufschrift „Die Welt als Grill und Vorstellung". Ein jeder wird seiner Leidenschaft nachgehen, und keiner wird keinem bös sein. Das ist heute noch undenkbar. Der champagner-selige Opernball-Schwarzfrack neben dem müden, schwarzen Rauchfangkehrer in der U-Bahn ist einfach unpassend. Da springen in den Hosentaschen die Messer auf.

Das Schönste an 2033 werden Georg Springer, der Boss der Bundestheater-Holding, und ich sein. Moderne Medizin wird uns zu Twens verjüngt haben. Georg wird mir die Zigaretten holen, und das Bier vom Würstelstand „Kleines Sacher", weil er immer noch um genau einen Monat jünger ist. Es wird uns alles gut schmecken, weil wir von einer Last befreit sein werden, die uns heute noch drückt: die Hochkultur als Segen begreiflich zu machen. Wobei Herr Springer meine Texte als guter Kaufmann stets vom Makel eines Honorars freigehalten hat.

2033 werden wir endlich nimmer Schopenhauer und Brodsky zitieren müssen. Den einen, weil er die Kunst als einzigen Trost sah, den anderen, weil er sagte: „Am Ende wird uns die Kunst das Wichtigste gewesen sein."

Darf man in fremden Tagebüchern lesen?

*R*adikal NEIN, einerseits.
Radikal JA, anderseits.

*D*as Nein gilt für die Tagebücher lebender Menschen, mit denen man in ständigem Kontakt ist. Es mag schwierig sein, die Neugier zu zügeln, wenn man durch einen Zufall in Versuchung geführt wird, doch wird man als halbwegs ethischer Mensch dafür streng bestraft. Man wird den schalen Geschmack eines Vertrauensverrats lange Zeit schmecken und von sich selbst enttäuscht sein. Und man wird nichts erfahren haben, was im Nachhinein die Untat rechtfertigt.

Das gilt auch für Mütter (eher selten für Väter), die Tagebücher ihrer Kinder mit Eifer suchen und studieren. Sie bemänteln ihre Neugier gern mit der Ausrede, es sei für alle besser, wenn man wisse, welche Gedanken, Träume und Sorgen das gute Kind habe.

Tatsächlich führt diese Kenntnis meist zu familiärem Elend, sobald sich die Mutter verrät, was unvermeidlich ist. Vereinzelt haben Kinder ihre Beziehung zur Mutter lebenslänglich eingefroren, sobald sie den ruchlosen Vertrauensverrat begriffen. Dies gilt vor allem für Töchter. Söhne sind ein kleineres Problem, da sie selten Tagebuch führen, und wenn doch, dann weniger gefühlsbetont und intim. Da wird man eher mit Sorgen konfrontiert, die Mütter ratlos machen: „Kriege den Vergaser meines Motocross-Mopeds nicht hin! Woher soll ich das Geld für einen neuen nehmen? Opa fragen?"

Ich weiß über die Qual eines Menschen, der sich in der Frage des unbefugten Lesens fremder Tagebücher als Charakter-Sau erwiesen hat, recht gut Bescheid. Ein einziges Mal studierte ich heimlich das Tagebuchheft eines befreundeten Internatsschülers. Noch heute werde ich rot wie ein Pavianarsch, wenn ich daran denke. Ich konnte dem Louis, so hieß der Freund, jahrelang nicht in die Augen schauen, und als ich endlich beschloss, meine Missetat zu gestehen, starb er. Ausgerechnet er war der erste Freund, den ich früh verlor. Die Untat blieb ungesühnt an mir hängen.

*U*mgekehrt gibt es Tagebücher, die man unbedingt lesen sollte – jene, die extra dafür veröffentlicht wurden, also *diarios* interessanter Berühmtheiten, die viel Geld von ihrem Verleger kassierten. Hier ist man zur Lektüre ausdrücklich eingeladen. Oft wird man mit fantastischen Einblicken reich belohnt – sofern es sich um Tagebücher von Geistesmenschen handelt, nicht von Society-Idioten, die ohnehin dem TV-*Seitenblicke*-Interviewer jede Intimität erzählen beziehungsweise aufdrängen.

Zwar sind, wie man vermuten darf, auch die Tagebücher von Geistesmenschen geschönt. Da diese aber meist ein Mindestmaß an Selbstironie und Selbstkritik einbringen, ist Erkenntnisgewinn zu erwarten.

Das gilt im Prinzip schon für Autobiografien (zum Beispiel Arthur Miller, Liv Ullmann), aber noch intensiver für Tagebücher. Wirklich spannend sind beispielsweise die Tagebücher von Stefan Zweig, Ernst Jünger („Siebzig verweht"), Heimito von Doderer („Tangenten") oder Victor Klemperer („Ich will Zeugnis ablegen bis zum letzten").

An Thomas Manns Tagebüchern verblüffte mich ein Ozean von Banalitäten und Alltäglichkeiten. Bei einem Mann seines Ranges ist zwar fast alles interessant, dennoch ermüdete mich die Lektüre. Ich habe sie bald geschlossen – offenbar zu früh. Denn dieser Tage erzählte mir Michael Köhlmeier, einer der großen Gegenwarts-Literaten Österreichs, er habe darin einen unfassbar entzückenden Satz des alternden Thomas Mann entdeckt: „Heute gewichst wie ein junger Stier".

Ich schließe allerdings nicht aus, dass Freund Köhlmeier mich zum Narren hielt. Dies werde ich spätestens dann erfahren, wenn er seine eigenen Tagebücher feilbietet.

AUF UND DAVON
Gutes Benehmen auf Reisen

Darf man als Italien-Tourist *prego*
und *grazie* stammeln?

Kein Zufall, dass diese Frage im selben Buch wie die Dialekt-Frage behandelt wird. So wie man nur dann in fremdem Dialekt sprechen soll, wenn man ihn wirklich drauf hat, soll man auch als Gast in Rimini nur dann Italienisch sprechen, wenn man dies halbwegs fließend kann.

Viele Touristen leben im Wahn, sie würden mit hingeworfenen Einzelwörtern wie *prego, per favore* und *grazie* dem Kellner eine Höflichkeit erweisen. Oder gar Glücksgefühle wecken. Das Gegenteil ist der Fall.

Die armen Fremdenverkehrsknechte empfinden ausnahmslos Abscheu vor dem Italienisch-Gestammel, zumal sie aus Geschäftsgründen auch noch höflich so tun müssen, als wären sie begeistert von den polyglotten Künsten eines Gastes, der italienisch grüßt und immer *quattro stagioni* bestellt, weil er sonst keine Pizza mit Namen kennt.

Dazu kommt, dass viele Deutschsprachige die italienischen Wörter nur optisch vom Lesen kennen, aber nicht mit den Feinheiten der Aussprache vertraut sind. Deshalb hört man, was jedem Italiener im Herzen weh-tut, die Touristen oft einen *Tschianti* bestellen und den Küstenort *Tschaorle* loben. Und wenn ein rassiger italienischer Sportwagen vorbeiflitzt, sagen sie: „Das war sicher ein *Lambordschini.*" Was überhaupt die größte Beleidigung ist. Heutige Italiener verzeihen vielleicht, wenn du den Namen des aktuellen Papstes (italienisch: *papa*) nicht weißt, aber einen Lamborghini nicht *lamborghini* zu rufen, wird als akustischer Schmerz und praktisch als Todsünde empfunden.

Den Einheimischen ist es hundertmal lieber, wenn man jedes verkrampfte Italienisch-Gestammel bleiben lässt und ein schönes, verständliches Deutsch spricht. So können die Betroffenen ihr meist gutes Deutsch weiter trainieren.

Darf man im Hotel auschecken, ohne Trinkgeld gegeben zu haben?

JA und SELBSTVERSTÄNDLICH, allerdings nur in den seltenen Fällen, wo gar nichts gestimmt hat. Dann wäre der ideale Gast, der leider eine rare Erscheinung ist, sogar aufgefordert, noch einen Schritt weiter zu gehen. Das heißt: sich nicht duckmäuserisch zu schleichen, sondern tapfer zu erklären, warum er jeden Euro Trinkgeld für ungerechtfertigt hält.

Eine höflich vorgetragene, detaillierte Aufzählung, was alles im Hotel-Service nicht gestimmt habe, wäre sogar ein Trinkgeld besonderer Art. Diese geistige An-strengung würde in guten Hotels die künftige Leis-tungsfähigkeit erhöhen und schon bald dem Hotel höhere Umsätze und seinen verbesserungswilligen Mitarbeitern mehr Trinkgeld denn je bescheren. Was mit schlechten Hotels passiert, die auf jede Kritik be-leidigt reagieren, ist uninteressant. Sie sind auf kurz oder lang ohnehin todgeweiht.

Der ideale Gast handelt demnach nach den Geset-zen von Lü Bu We. Dieser schreibt vor, bei Belohnungen (Geld) und Bestrafungen (Kritik) immer auf die Wirkung zu sehen. Das ist eine hohe Forderung und verlangt beträchtliche Courage, ist aber ein wichtiger Beitrag zur Veredlung der heutigen Dienstleistungs-Gesellschaft.

Interessant ist auch eine weitere Anregung von Lü Bu We: „Alle Belohnung muss bis zum Urheber gehen." Das ist im Fall eines Hotelaufenthalts nicht einfach zu verwirklichen. Hier sollte man sich die Mühe einer Zweiteilung machen. Das gute Zimmermädchen und der gute Room-Service-Boy müssen als direkte Urheber des Wohlbefindens auch direkt bedacht werden. Das Gleiche gilt für den emsigen Wagenmeister, der das Auto nicht nur ohne Blechschaden parkt, sondern an-bietet, gleich auch für Außenwäsche und Innenreini-gung zu sorgen; oder den Concierge, der doch noch eine Karte für die ausverkaufte „Tosca" besorgt.

Es dabei zu belassen, wäre indes unfair. Im Hinter-grund arbeiten viele unsichtbare Heinzelmännchen. Für diese zahlt man zusätzlich in einen generellen Trinkgeld-Topf ein, beim Rezeptionisten seines Ver-trauens. Das funktioniert klaglos, wenn man ein langjähriger, respektierter, vielleicht auch gefürchteter Gast des Hauses ist. Falls man den Verdacht hat, „die Rezeption" würde das Sammel-Trinkgeld in die eigene Tasche stecken, kann man den Betrag in einem Kuvert dem Hotelgeneraldirektor zur Verteilung schicken lassen. Wenn man auch diesem misstraut, wird es Zeit, das Hotel zu wechseln.

In der gegenwärtigen Zeit, in der die internationalen Finanzskandale nachwirken, ist das Thema „Trinkgeld" ein dunkles Kapitel geworden. Die Todsünde des Geizes hebt ihr hässliches Haupt. Das schmerzt die Trinkgeld-empfänger doppelt. Denn rund ums Millennium 2000, dem Jahrhundertwechsel, floss das Trinkgeld noch besonders reichlich, weil die Gäste mit dem neuen Euro noch nicht umgehen konnten. Selbst Toilettenfrauen fühlten sich wie Königinnen – statt 1 Schilling oder 1 Mark bekamen sie nun häufig 1 Euro, was in dem einen Fall das Vierzehnfache, im andern Fall immerhin fast das Doppelte bedeutete. Auch Kellner und Barkeeper genossen jede Aufrundung der Gäste, weil diese weiterhin die kleinen Münzen zurückwiesen – die nun aber kräftiger zu Buche schlugen.

Zunehmende Vertrautheit mit Euro und Cent führte zu einer Normalisierung und schließlich mit der Krisen-Geldangst und dem egoistischem Geiz zu einer deutlichen Schlechterstellung der Dienstleister.

Nur makellose Gentlemen (und Gentlewomen) blieben dabei, rund fünf bis zehn Prozent der Hotelrechnung ans Personal draufzulegen, in privilegierten Einzelfällen (Konzern-CEOs, Scheichs, Oligarchen) dramatisch mehr. Das ist fair, da viele Service-Berufe mit Hinweis aufs

Trinkgeld schlecht entlohnt sind. Spezielle Sensibilität ist in den USA angesagt. Dort gelten 15 Prozent als Grundlinie, weil das Fräulein, das dich bedient, oft nur vom Trinkgeld lebt und gar kein Gehalt bezieht.

Der gestrige Tag klang depressiv aus. Da erfuhr ich erstmals von einer deutschen Serviererin, dass sie ihr Trinkgeld mit dem Boss teilen musste.

Die Trinkgeldfrage sollte freilich im Zusammenhang mit einer anderen DARF-MAN-Frage gesehen werden: „Darf man als Politiker die Gastronomie ruinieren?" – siehe Seite 174 f. in diesem Buch.

Darf man als Urlauber die fremden Länder der Heimat vorziehen?

JA.

„Was für eine Frage", werden moderne, polyglotte Leser sagen. Sie haben recht. Und doch ist dieses Thema unausrottbar.

Erst gestern, bei einer Lesung aus meinem Buch „Endlich alle Erfolgsgeheimnisse", dessen Karriere-Tipps zu 30 Prozent in Japan und den USA ermittelt wurden, kritisierte mich eine nach eigener Aussage „langjährige und begeisterte Leserin" in diesem Punkt.

Sie sagte: „Ihre Bücher, Erzählungen und Essays wecken den Eindruck, dass Sie mehr im Ausland als daheim arbeiten und urlauben. Ist das nicht unfair gegen die Heimat, die ja auch schön ist und Ihr Geld brauchen könnte?"

Darauf gibt es grundsätzlich folgende Antwort: Was die Arbeit betrifft, kann man nur im Ausland erkennen, was wir daheim besser oder schlechter machen. Und was das Geld – also die Einnahmen der Tourismusbetriebe – anlangt, so profitieren gerade wir Österreicher davon, dass der moderne Mensch gern die engen Grenzen flieht und auch das Ausland sehen will. Die deutschen Freunde geben bei uns 20 Mal mehr aus als wir bei ihnen. Ich forderte meine Leser daher schon öfter auf, aus Fairness endlich auch die vielfältigen Schönheiten Deutschlands zu erkunden.

Was den Urlaub im Süden betrifft, so ist er fast allen, die ihn kennenlernten, mehr oder weniger unentbehrlich geworden. Wenigstens einmal pro Jahr zieht es uns in höhere Sonnenhitzen und ans Meer. Warum das so ist, kann in Goethes berühmtem Werk „Italienische Reise" besonders schön gelesen werden. Er wählte für dieses Buch den Untertitel: „Auch ich in Arkadien". Er meinte damit eine Art Paradies, das man so nur im Süden findet.

Ich habe noch eine Erklärung, die bei Goethe nur am Rand vorkommt. Wenn wir am Meer sind, fühlen wir genau: Dies ist die Ur-Suppe, aus der wir einst an Land krochen. Wir Österreicher haben daher nie wirklich verwunden, dass wir Triest und Venedig, die wir erobert hatten, wieder verloren – und damit den direkten Zugang zum Meer. Nur spielt das in der heutigen Praxis, da wir offene Grenzen und den Euro haben, keine große Rolle mehr. Wir kommen schnell und unbürokratisch hin – und ebenso schnell wieder zurück.

Johann Wolfgang von Goethe brach um 3 Uhr morgens in Karlsbad zu seiner italienischen Reise auf, mit der Kutsche. Wenn wir um 3 Uhr früh im Auto wegfahren, ist das Meerwasser auf unserer Haut schon wieder trocken, wenn wir uns zum italienischen Mittagessen setzen, mit *Fegato alla Veneziana* und einem *Chianti Classico*.

Im Übrigen konnte ich meine kritische, reizende, ältere Leserin in einem Punkt gründlich trösten. Jene Österreicher, die in ihrer Jugend oft um die Welt flogen, sind später, wenn sie alles gesehen haben, besonders treue Heimaturlauber. Und in den Heimat-Hotels gern gesehen, weil sie viel Geld ausgeben. Durch den Wegfall der Flüge und Reise-Spesen erscheint ihnen dieser Aufenthalt im Verhältnis billig. Dazu kommt: Gerade weil sie die fremden Länder mit ihren vielen Schatten (und teils elenden Herbergen) kennen, genießen sie den heimischen Frieden, die Sicherheit, die Sauberkeit der Seen und Schönheit der Berge ganz besonders, auch die oft überragende Qualität der Hotels.

Keiner, der einmal pro Jahr aus guten Gründen das Meer und den Süden sucht, ist ein untreuer Heimatschädling. Kritisieren sollte man eher jene, die niemals wegfahren und keinen Urlaub machen, weil sie lieber Geld verdienen als ausgeben.

Darf man im Zug die Schuhe ausziehen und die Beine gemütlich hochlagern?

*Z*weimal JA und zweimal NEIN.

JA 1: Wenn Sie, was jedem freisteht, alle Platz-Reservierungen Ihres Coupés bestellt und bezahlt haben. Oder das Coupé rechtzeitig mit der eigenen Familie oder beruflichen Entourage besetzten, wie es häufig bei berühmten Schriftstellern auf Leserreise oder Politikern auf ihrer Wahlfahrt der Fall ist. In schlecht besetzten Zügen kriegen höhere Kirchenherren trotz Aufklärung oft noch den sogenannten „heiligen Coupé-Rabatt" und dürfen zum einfachen Kaufpreis das ganze Abteil mit niemand Geringerem als Gott teilen. Dieser sieht, wie wir wissen, großzügig über ausgezogene Schuhe und ausgestreckte Beine hinweg.

JA 2: Gilt für halbbesetzte Coupés mit affinen Mitpassagieren, die ihrerseits ihre müden Beine ausstrecken wollen. Scheitert zuweilen an der Sitzordnung. Wer geheime Papiere studieren will, hat lieber die Füße, nicht den Kopf des Nachbarn neben sich. Im Normalfall ist es umgekehrt.

NEIN 1: Bei vollen Coupés ist eine Regelung undenkbar, jeder Versuch peinlich und hoffnungslos. Es sei denn, alle Platzkartenbesitzer sind unter 18 und sehen darin ein anti-bürgerliches Happening.

NEIN 2: In Anwesenheit von Versehrten, Uniformierten, Nonnen und Ordensbrüdern, die ihre Kleiderordnung nicht frei wählen können, wird man sich selbst diese Freiheit verwehren. Man wird dankbar sein, sie bei anderer Gelegenheit wieder haben zu dürfen.

*M*an denkt dann auch dankbar ans Auto. Es bringt dich als Individuum von entlegenen Orten an entlegene Orte. Mit Freiheit der Abfahrtszeit, Fahrzeit und Kleiderordnung. Françoise Sagan fuhr ihre offenen Sportwagen bloßfüßig, als sie Bestseller wie „Bonjour tristesse" und „Lieben Sie Brahms?" schuf. Die Handlung, sagte sie, schrieb der Fahrtwind.

ER UND SIE
Gutes Benehmen
in Fragen der Zweisamkeit

Darf man in der Kirche flirten?

*G*anz entschieden JA. Man sollte nur einige ungeschriebene Regeln einhalten, die in stiller Übereinkunft gelten.

Erstens ist die Kunst des lautlosen Flirtens zu pflegen. Es wäre ungehobelt, das mantrische Gebetsgemurmel der Gläubigen zu stören. Oder einen interessanten Satz der Sonntagspredigt zu übertönen. Es geht also nicht an, in beliebter Wiener Anbahnungs-Art lauthals über den Mittelgang des Hauptschiffes zu rufen: „Gnädige Frau, ich finde Sie affengeil und würde dies nach der Heiligen Messe gern näher besprechen."

Selbst die lautlose Flirt-Gestik muss der Weihe des Gotteshauses entsprechen. Man darf Kirchen nicht mit Opernhäusern verwechseln. Wie man in der Oper richtig flirtet, enthüllt der pädagogische Film „Die letzte Nacht des Boris Gruschenko". Boris, dargestellt von Woody Allen, zeigt der schönen Gräfin in der Nachbarloge seine Zuneigung in einer geduldig gesteigerten

Körpersprache. Er beginnt mit einer scheuen Krümmung des kleinen Fingers an der halb zum Gruß erhobenen Hand. Nach einigen Zwischenschritten erreicht er die deutlichere Darstellung seiner Zuneigung in Form eines haltlosen, feuchten Züngelns. Im Finale des gestischen Flirts geht Gruschenko auf *Nummer sicher* (die Gräfin könnte ja schwer von Begriff sein) und stößt, nunmehr heftig atmend und ein wenig sabbernd, den rechten Mittelfinger in die zur Hülse geformte linke Hand.

Was in der Oper als vorbildliche Anmache bewundert wird, ist innerhalb der Kirche scharf abzulehnen. Hier sind die erlaubten Gesten begrenzt. Viel mehr als die Hand aufs Herz zu legen und die Augen zum Himmel zu drehen, ist nicht drin.

Strenge Sonderregeln gelten für den Fall, dass zwei füreinander Entflammte schon nebeneinander in der Kirchenbank sitzen. Der Versuch, hintereinander statt nebeneinander zu knien, wird gottlob durch die Enge des Kirchengestühls vereitelt. Aber auch der unschuldige Versuch, wechselseitig eine Art Kreuz in den Schoß des jeweils anderen zu malen, wird als blasphemisch verworfen. Auch darf eine irrtümliche Verirrung unter den Rock der frommen Nachbarin niemals mit gefalteten Händen passieren. Dies wird mit einer Sühne von siebzehn Vaterunsern belegt.

Soweit die Grenzen des Kirchenflirts, die auch für Gentlemen und Gentlewomen des 21. Jahrhunderts gelten. Der Kirchenflirt selbst allerdings ist hochwillkommen. Er wird gern gesehen. Das Bodenpersonal der Kirche, also alles unterhalb der Dreifaltigkeit, vom Papst bis zum letzten Ministranten, schätzt jeden Flirt grundsätzlich als Auftakt zur Fortpflanzung, also Grundlage des Fortbestehens der Glaubensgemeinschaft. Und schätzt den Kirchenflirt im Speziellen, weil die Wahrscheinlichkeit der Vermehrung zweier braver katholischer Sonntagskirchgänger doppelt so hoch ist wie unter Gottlosen. Traditionsbewusste Aristokraten, die in der Kirche noch immer ihre eigenen Logenplätze mit Namensschildern bewohnen, schätzen seit jeher den Verzicht auf Verhütung als gleichzeitig luststeigernd und gottgefällig.

Historiker loben den Kirchenflirt als letztes Überbleibsel einer Zeit, da die Kirche der saftige Mittelpunkt der Gesellschaft war, und die Stunden der Messe ihr Höhepunkt. Der strenge, wortmächtige Prediger Abraham a Sancta Clara geißelte sogar die Sonntage, an denen die Kirche zum Kirtag wurde. Allen voran der Wiener Stephansdom, vor dessen schönen Altären rund um die Uhr bis zu 60 Messen gelesen wurden. Bäuerinnen brachten dort in Körben und Volieren ihre Hühner zum Verkauf, die Freudenmädchen warteten auf ihre Freier. Damals hätte selbst Boris Allen beziehungsweise Woody Gruschenko irgendwie blass gewirkt.

Darf man beim gemeinsamen Frühstück Zeitung lesen?

JA, BITTE, sonst kriminalisiert man neun Zehntel der Männer und drei Zehntel der Frauen.

Die Grundlinie, die lebenskluge Männer wie Frauen ziehen sollten, sieht so aus: Ich bin unendlich privilegiert, weil ich mit dem Menschen, mit dem ich in der Nacht das Bett teilte, auch noch frühstücke. Das ist für fünf der sechs Milliarden Erdenbürger keineswegs selbstverständlich. Ob er/sie dabei Zeitung liest, ist ungefähr so wichtig wie die Frage, ob der Einser-Geiger der Wiener Philharmoniker heiser ist.

In der gnadenlosesten Kitsch-Romanze „Love Story" hieß es: „Liebe heißt, nie um Verzeihung bitten zu müssen".

Wer liebt, denkt an das Wohlgefühl des anderen. Sich per Zeitung aus der Bettwärme wieder auf das Kühle der Welt gleitend vorzubereiten, ist eine vernünftige Angewohnheit, die aller Ehren wert ist.

Allenfalls ein Frühstück darf davon ausgenommen werden, das Frühstück nach der ersten gemeinsamen Nacht. Da muss nach ewiger Benimmregel, und nach aller Rackerei in der Nacht zuvor, bei Hörnchen und Honig auch noch der Versuch gewagt werden, die vergangene Nacht als die größte Nacht des bisherigen Lebens darzustellen.

Sehr witzig daher die einschlägige Szene in „Thomas Crown ist nicht zu fassen". Ihr, der coolen Kopfjägerin (dargestellt von Faye Dunaway), ist plötzlich die Liebe wichtiger als der Auftrag, Thomas Crown (dargestellt von Steve McQueen) zu überführen. Sie will nach der ersten Nacht von ihm hören, dass er fix und foxi ist. Er hingegen liest ungerührt die M & A *(Mergers & Acquisitions)*-Seiten der *Financial Times*, um weitere Kohle zu machen. Dies führt sie endgültig in den rasenden Wunsch, ihn fertigzumachen. Sie will ihn bettelarm im Gefängnis sehen.

Dies als Warnung für alle Männer, die nicht so reich und genial wie Thomas Crown sind.

*D*och abgesehen vom ersten Frühstück nach der ersten Nacht kann die beidseitige Zeitungslektüre auf angenehme Weise verbindend wirken. Sie befestigt die uralten Rollenspiele, die als gegensätzliche Pole die Elektrizität der Geschlechter aufrecht halten.

Der Mann bestätigt lebhaft den Hinweis der Frau aufs Titelblatt der Zeitung („Die Ministerin hat wieder eine Frisur wie ein Kuckucksnest"), sie bewundert umgekehrt seinen Sachverstand in Formel-1-Fragen („nächsten Sonntag schlägt der Alonso den Vettel, jede Wette").

So geht jeder der beiden gestärkt in die Anfechtungen des Alltags hinein. Frühstücke, wo beide ihr sicheres Wissen teilen, wie weit die Nordkoreaner mit der Atombombe wirklich sind, gelten als Frühstücke verstrahlter, wenn nicht todgeweihter Verhältnisse.

Darf man einem Mann Blumen schenken?

*J*A und SELBSTVERSTÄNDLICH. Darf ich aber submissest eine Gegenfrage stellen: Wozu eigentlich?

Als glücklicher Mann, der zeitlebens von klugen Frauen mit Blumen bedacht, ja mit Blumen beworfen wurde, stelle ich die Sinnhaftigkeit dieser Tat infrage.

Meine Erfahrung geht dahin, dass es überwältigende Alternativen gibt, um einen mürrischen Mann in gute Stimmung zu versetzen. Zumal die Frauen mit Geschenkblumen nicht wirklich geschickt verfahren. Sowohl die Intelligenz wie die Sensibilität, die sie den Männern voraushaben, stehen ihnen dabei im Weg. Sie machen sich zu viele nette Gedanken. Und gut gemeint ist, wie man in Wien sagt, zuweilen nicht gut genug.

Ein Beispiel: Die meisten der Göttinnen, die mich unter Blumen begruben und beinahe erstickt haben, wussten, dass mich der Anblick südlicher Gewächse, allen voran Ginster, Oleander und Bougainvillea, in arkadisches Wohlbefinden wirft, vergleichbar dem Anblick einer italienischen *bella macchina* wie etwa einem marxismusroten Ferrari Daytona Spider, einer mephistofarbenen Ducati Diavel oder einer schneeweißen Moto Guzzi California 1400 Touring.

Die ritterlichen Fräuleins zogen daraus den Schluss, die genannten Blumensorten in Orangerien als teure Schnittblumen zu erwerben und sie mir selbst in kalten Jahreszeiten an windigen Straßenecken auszuhändigen, wo sie innerhalb von Minuten zu abstoßendem Laub welkten.

Ich habe in diesen monoton wiederkehrenden Momenten einer Liebesbezeugung immer wieder gebeten, für mich nicht so viel Geld auszugeben. Ein bescheidener Mann wie unsereins verlange nichts Teures, man sei durchaus zufrieden mit einem preiswerten, öffentlichen Kniefall.

Gleichwohl gibt es immer wieder Schlossherrinnen, die teilweise mit Recht glauben, nur mit dem olfaktorischen Verführungsduft materieller Werte einen feinen Gentleman in die Reichweite ihrer Arme zu kriegen. Falls eine davon gerade hinter dem Rücken meiner herzallerliebsten Holden eine Attacke dieser Art vorbereitet, soll sie nicht entmutigt oder gar beleidigt werden.

Sie sei darauf hingewiesen, dass es kleine Geschenke gibt, deren Würde die Schönheit verdorrter südlicher Schnittblumen stark überstrahlt. *Pars pro toto* erwähne ich in diesem Zusammenhang kleine Picasso-Formate, eine der letzten weißen Raffael-Zeichnungen, eine der vielen kursierenden Original-Partituren von Mozarts „Zauberflöte" oder – womit wir uns freilich dem finsteren Kreis des Geizes nähern – einen Hokusai-Holzschnitt, eine Schwarz-Weiß-Fotografie von Cartier-Bresson oder ein Autograf von Arthur Schnitzler.

Es ist, kurz gesagt, nicht so wahnsinnig schwer, ein einfach gestricktes Geschöpf wie einen Mann mit Geschenken zu bezaubern, es müssen nicht immer gleich Blumen sein.

Darf man die Society-Einladung einer angebeteten Lady absagen?

*E*he wir das Für und Wider abwägen, weisen wir darauf hin, dass diese Frage nur oberflächlich mit der generellen Frage zusammenhängt, ob man Einladungen absagen dürfe (vgl. S. 91 ff. in diesem Buch). Tatsächlich ist sie ein Sonderfall besonderer Güte. Sie verlangt ungeteilte Aufmerksamkeit.

Zuerst muss über die Ausgangsposition Einigkeit herrschen. Meint der Frager das Wort *Angebetete* im Sinne edler Rittersleute – oder normal?

*V*ielleicht ist er ja einer der letzten Ritter, obwohl seit Walther von der Vogelweide (1170–1230) kein Mann mehr aktenkundig wurde, der seine Erfüllung in der Anbetung fand. Der von keinem anderen Wunsch bedrängt war als dem, die Angebetete zu besingen und aus ihrer Unerreichbarkeit die höchste Lust zu ziehen.

Dies war die einst übliche, heute kaum noch vorstellbare ritterliche Ambition, zugleich die medizinischhistorische Höchstleistung in Sachen *ejaculatio praecox*, wie lateinische Ärzte den vorzeitigen Samenerguss nennen.

Im Falle der Ritter handelte es sich um die bewundernswerte Fähigkeit, nicht nur ohne Berührung des angebeteten Körpers feucht zu werden, sondern ohne diesen je gesehen zu haben, und oft über Ländergrenzen hinweg.

Mehr noch: Aus privaten Aufzeichnungen schreibkundiger Ritter dürfen wir ableiten, dass die Raserei in direktem Verhältnis zur Distanz und Unvertrautheit steil anstieg, weil der Idealisierung des Zielobjekts nichts im Wege stand, schon gar nicht die oft grausame nackte Wahrheit.

Die fantasievollsten Ritter – darin indischen Gurus vergleichbar – verschafften sich Höhepunkte ohne Selbstberührung. Merkwürdigerweise zählt man auch die Kuenringer dazu, obwohl sie grausame Schlitzohren waren, die in der Wachau ihre Ketten über die Donau legten, Schiffe kaperten und von Erpressung und Mord lebten.

Ihre Affinität zur Autoerotik weckte die Bewunderung grober Stämme. Zum Beispiel der Wiener, die ehrfurchtsvoll zwei Begriffe in ihren Wortschatz aufnahmen, die es in anderen Sprachen nicht gibt: *hirnwixen* und *luftpudern*. Der einzige Nachteil der esoterisch übersteigerten Fähigkeit der Ritter soll freilich tödlich gewesen sein. Falls sich durch schicksalhaftes Unglück tatsächlich eine Nackte anbot, sprangen sie ausnahmslos von der höchsten Zinne. Man weiß heute, dass alle Nachkommen dieser edlen Zeit von Bauern und marodierenden Söldnern gezeugt wurden.

*D*as ist gut acht Jahrhunderte her, und so gehen wir davon aus, dass eine *Angebetete* im heutigen Sinn immer eine Dame ist, die man, wie der Wiener sagt, bei 37 Grad waschen und bügeln will.

Dies vor Augen, mag es Amateuren sinnvoll scheinen, einer edlen Angebeteten ihre Einladung zu einem Society-Umtrunk nicht abzusagen. Man fürchtet ihre Verbitterung und eine damit verbundene Verengung.

Profis hingegen wissen: genau das Gegenteil ist der Fall. Gesetzt den Fall, die Angebetete kennt den Anbeter, wird er sprunghaft ihr schmerzhaftes Interesse wecken. Der Schmerz kommt von der Neugier her und lässt erst nach, wenn sie ihn persönlich überprüft hat. Man muss ihr nur Gelegenheit dazu geben.

Es gibt einen Standardbrief, der eventuelle Gewissensbisse von Ladys, die einen Korb erhielten, hinwegspült. Man sagt, seine Ur-Fassung stamme von Casanova, italienischen Don Giovannis oder spanischen Don Juans, doch kennt den Text durch Überlieferung instinktiv ein jeder Mann, der das Testosteron-Programm des *homo erectus* erbte und durch Studien verfeinerte. Der Brief lautet in der Grobfassung so:

„Hohe Frau, ich wollte nicht einer unter vielen sein. Umgekehrt sollen Sie in meiner Einladung die eine und Einzige sein, wie es Ihrem Stolz und Ihrer Klugheit entspricht. Ich erwarte Sie zum Rudern in der Laxenburger Au. Mein Chauffeur wird um Sie bekümmert sein."

Man weiß von keiner einzigen Absage. Es gibt zwei Verbündete des geilen Bocks. Erstens die Neugierde. Sollte diese in zwei von tausend Fällen nicht reichen, hebt die ökonomische Vernunft des Weibes ihr Haupt. Ein Mann, der über geräumige Limousinen oder romantische Cabrios, Picknickkörbe und Chauffeure befiehlt, kann kein schlechter Mensch sein. *Und ist er nicht der Erste, der meine Schönheit unerwähnt ließ?* So fällt die ursprünglich hoffärtige Dame in eine Spirale verzweifelter Unsicherheit, aus der sie erst wieder der Galan durch Entkleidung befreit.

Fazit: Man darf eine Society-Einladung der Angebeteten nicht absagen. Man *muss* sie absagen. Es gibt bessere Wege zum Ziel.

Darf man einer Dame den Handkuss verweigern?

*N*EIN, warum auch?

Der Handkuss ist eine feine Erfindung. Und schon als Studiengegenstand vielfältig und heiter. Da dies ein Beitrag zum Gesamt-Projekt eines „Knigge des 21. Jahrhunderts" ist, empfehle ich freilich, die Studien nicht zu tief zu treiben. Wer in der Asche wühlt und alle komplizierten Regeln liest, die jemals zum Handkuss ersonnen wurden, wird keine Hand mehr küssen können. Er gliche einem Tausendfüßler, der nur gehen konnte, solange er nicht darüber nachdachte, warum er nicht stolpert.

Wir verweigern uns in diesem Kapitel vor allem dem sogenannten *Herrschaftshandkuss*, der vor der Aufklärung auch Männern zu geben war – und heute immer noch im Vatikan, in orientalischen Familien und in der Mafia praktiziert wird.

Es geht hier um den heutigen Handkuss, den ein Mann einer Frau entbietet, weil er sie bezaubernd findet, oder weil er Maler ist und sie reich genug, seine Bilder zu kaufen.

Es wärmt auch heute das Herz, einem gelungenen Handkuss beizuwohnen – weit mehr als das wahllose Wangen-Bussi, das sich heute als Pest eingenistet hat, von Society-Ratten bakteriell aufs Volk übertragen. Als ästhetischer Tiefpunkt gelten stark gepuderte Gesellschaftsdamen, die einander in großer, seitlicher Entfernung küssen, um Make-up und Frisur nicht in Unordnung zu bringen.

Ah, wie schön dagegen der Handkuss. Schöner denn je. Früher war er nur statthaft, wenn die Gnädigste deutlich sichtbar die Pfote hob. Heute darf der Mann in seinem wilden Triebe, eine rätselhafte Fremde näher zu beschnuppern, auch selbst in die Initiative gehen. Er wird geschmeidig „Küss die Hand, gnädige Frau" sagen und die fremde Hand zum Mund führen, und wenn er's gut macht, wird niemand was dagegen haben.

Fachdiskussionen werden nur über den Neigungswinkel der männlichen Verbeugung geführt. Athletische Nordländer, die aufrecht stehen bleiben und die Frauenhand samt Frau an die Lippe stemmen, gelten auch heute noch als befremdlich. Doch die strenge Regel des 12. Jahrhunderts, der Ritter müsse per Kniefall die praktisch hängende Hand der holden Frau in bodennahen Tiefen suchen, ist aufgehoben.

Heute gilt ein Geben und Nehmen insofern, als die Dame die Hand locker hebt und erlaubt, dass der Galan sie noch näher zum Mund führt, um sich nicht arg bücken zu müssen. Es ist ja nicht einzusehen, dass der Mann sich abrackert wie ein Schinderknecht, obwohl er schon die Initiative ergriffen hat.

Früher ging die Initiative ausschließlich von der Frau aus. Ein Handkuss kam nur zuwege, wenn sie in deutlicher Huld die Hand hob. Das haben die Frauen klugerweise aufgegeben. Denn heutige Männerdeppen missdeuten diese Bewegung zu oft. Entweder halten sie das Handheben für eine Zeigebewegung und schauen dorthin, wohin die Hand weist. Oder sie schütteln die erhobene Hand mit gleichfalls erhobener Hand, als ginge es um das Handgeben zweier Eingegipster und Geschienter.

Halb huldvoll gehoben, halb sanft gezogen gilt jetzt als brauchbare Kompromissformel. Gleichfalls toleranter geht man mit dem Abstand der Männerlippe zur Frauenhand um. TV-Couch-Potatoes sind weniger gelenkig als frühere Frischluftmenschen, haben auch eine schlechtere Hand-Augen-Koordination. Man ist schon froh, wenn SIE ihm nicht die Zähne einschlägt und ER sich nicht bis zum Mittelhandknochen durchnagt. Die Frage, ob die Lippe die Hand berührt oder nicht, ist evolutionstechnisch sinnlos geworden.

Früher war sie wichtig. Ein Mann, der mit dem Mund die Haut der Frau wärmte, signalisierte praktisch ein Heiratsversprechen. Eine Frau, die heute noch darauf baut und im Gefühl, nun unter der Haube zu sein, frohgemut einen *first night stand* riskiert, könnte anderntags enttäuscht werden.

*D*as Thema ist abgehandelt. Ich möchte als Zugabe eine Grillparzer-Anekdote nacherzählen. Sie hat mit christlichem Herrschafts-Handkuss zu tun. Der Dichter Franz Grillparzer galt als fader Beamtentyp, war aber ein wilder Weiberer (hochdeutsch *Frauenheld*). Er hatte nie weniger als drei Freundinnen zur gleichen Zeit. Als Graf Kinsky ihn zu einer persönlichen Papst-Audienz lud, sah er eine Möglichkeit, alle drei Damen billig und doch elitär mit je einem päpstlich gesegneten Rosenkranz zu beschenken. Im Vatikan erfuhr er die Sache mit dem päpstlichen Handkuss. Der Hagestolz wollte keine Männerhand küssen, nicht mal den Fischer-Ring an Petrus' Hand. Lieber wählte er die Sekundärweihe, wo der Papst eine Reihe privilegierter, kniender Pilger und ihrer Devotionalien abschritt und segnete. Als es so weit war, sah Grillparzer aus dem Augenwinkel, wie der Papst bei jedem Pilger innehielt und den Fuß zum Kusse vorschob.

Darf man eine Frau mit List und Heimtücke erobern?

JA. Es fehlte gerade noch, in dieser langweilig-überkorrekten Zeit, in der man schon als Macho gilt, wenn man eine Frau häkelt (ironisch-liebevolle Verspottung), auch noch die natürlichsten Regungen zu verbieten.

Frauen erobern und befruchten zu wollen, ist Ur-Natur. Es ist nicht einmal ein bewusster Willensakt des Mannes, sondern ein fest verdrahtetes Programm seines Wesens, zugleich seine größte Schwäche, wie der Sündenfall von Adam und Eva zeigt. Wenn er selbst verführt wird, beißt er allzu leicht in den ersten besten Apfel.

Hier geht es aber um die Feinheit von *List* und *Heimtücke*. Wie man diese moralisch bewertet, ist eine Sache der Sprachregelung. Eigentlich sind gerade sie höchst natürliche Waffen im Eroberungsfeldzug der Männer. Kenner der TV-Doku-Reihe „Universum" und Leser von „National Geography" wissen, dass in der Welt der Tiere und Pflanzen tausende Tricks eingesetzt werden, um ans Ziel zu gelangen. Ein einziges Täuschen & Tarnen.

Ein Mann, der infam, abgefeimt und trickreich eine Frau erobert, zeigt demgemäß nichts anderes als Respekt vor der Natur. Er wird auch auf natürlichste Weise von den Frauen nicht als widerlich, sondern als interessant empfunden. Zumal er ihnen die spätere Ausrede ermöglicht: „Gegen diesen Schurken hätte keine Frau eine Chance gehabt. Schneller als ich schauen konnte, fand ich mich vor ihm auf den Knien."

Unglücklicherweise kommen die Männer nicht als Schlitzohren auf die Welt, sondern als Trotteln. Milder gesagt: als Grünhörner, die mit untauglichen Mitteln versuchen, sich diese abzustoßen. Der „Trick" der ersten Anbahnungsversuche eines Jungmanns liegt darin, die gewählte Zielperson über große Entfernung schweigend anzustarren, in der Hoffnung, die Qualität der Gier würde sich telepathisch vermitteln und die Beste dazu verführen, aufzustehen, ihm zuzulaufen und um den Hals zu fallen.

Das ist nie erfolgreich – oder fast nie. Es soll entmenschte Weiber geben, die seelischen Gewinn daraus ziehen, von sabbernden Männern verfolgt zu werden, die in sehnsüchtiger Versteifung das rechte Bein nachziehen. Manche dieser Frauen geben dem Begehren nach angemessener Folterzeit sogar nach, weil sie sich damit selbst als grundgütige, barmherzige Liebeskönigin aufwerten können.

Wir konzentrieren uns hier auf ideale Frauen, die ihre Geschmackssicherheit schon als Leserinnen dieses Buchs bewiesen haben. Sie verdienen erfahrene Gentlemen.

Burschen und Männer unterscheiden sich auffällig in der Qualität der Schuhe, der Anzüge und der Liebesanbahnung. Der Kleider-Konzern „Boss" wirbt demgemäß für sein Top-Label „Baldessarini" mit dem Slogan: *„It separates the men from the boys".*

*D*ie kundige Heimtücke reifer Frauenkenner zeigt sich in vielen Details, vor allem in drei Prinzipien.

Prinzip 1: Man kennt die Wege, wie man unverkrampft mit einer Frau ins Gespräch kommt, also die „Basis der Nähe" schafft, gibt sich dann zwar heiter und geistreich, aber körperlich distanziert, vergleichbar einem Sportauto mit einem Vorwärtsgang und sechs Rückwärtsgängen.

Prinzip 2: Die Frau, dadurch verunsichert und destabilisiert, wird ihre Souveränität wiedererlangen wollen. In neun von zehn Fällen mit dem Satz: „Ich muss jetzt aber wirklich gehen." Profis betteln dann nicht wie Amateure um weiteres Verweilen. Sie springen unverzüglich auf und sagen: „Küss die Hand, Adieu, auf Wiedersehen." Dadurch weiter verunsichert, wird die Gnädigste einen Grund finden für „allenfalls einen letzten Prosecco", einen von vielen kommenden.

Prinzip 3: Man lobt eine Frau für ihre Klugheit, nie für ihre Schönheit. Das Schönheits-Kompliment hört sie eh von allen anderen. Das Ignorieren ihrer körperlichen Attraktivität gefällt ihr einerseits, wirft sie aber als Verwöhnte zugleich in die nächste Verunsicherung. Irgendwann, erfrischt vom fünften Prosecco, wird sie töricht hören wollen, auch rein äußerlich sein Typ zu sein.

In diesem Moment ist das Match entschieden. List und Heimtücke haben zwei Liebessehnsüchtige zusammengebracht. Im Krieg und in der Liebe ist alles erlaubt.

Darf man Blondinenwitze erzählen?

*J*A.

Ehe ich dies genauer erkläre, lade ich die Leser zu einem Blick in die Werkstätte ein. Die DARF-MAN-Fragen schaffen es nur dann ins Buch, wenn sie wie Odysseus die Klippen Skylla und Charybdis passieren. Dort wachen zwei Sirenen namens Martina und Christina. Sie sorgen dafür, dass mir nur gottgefällige Fragen gestellt werden. Sie sind darin streng. Neun von zehn Frage-Vorschlägen verwerfen sie, die meisten erfinden sie selbst.

Umso merkwürdiger, dass die Frage mit den Blondinenwitzen ihr tödliches Sirenen-Verdikt überlebte. Merkwürdig erstens, weil sie wissen, dass ich Präsident der „Österreichischen Gesellschaft zur Vernichtung der Witzeerzähler" bin. Merkwürdig zweitens, weil beide Damen unheimlich blond sind. Vielleicht dachten sie, ich würde die Vorurteile über Blondinen vernichten. Das war, wie von Blondinen nicht anders erwartet, falsch gedacht.

Hätte man mich gefragt, ob man Ostfriesenwitze (D), Appenzellerwitze (CH) oder Burgenländerwitze (A) erzählen darf, hätte ich entrüstet NEIN gesagt. Diese entzückenden Volksstämme sind immer unter Wert gehandelt worden. Sie haben die teils grausamen Scherze nicht verdient. Bei Blondinen ist es anders. Dort habe ich verblüfft registriert, dass Witz und Wirklichkeit kongruent sind, beinahe deckungsgleich.

Die zirka hundert Blondinen, die ich, seit ich zum Mann reifte, emsig erforschte, sind statistisch-wissenschaftlich eine kleine, aber hinlängliche Stichprobe. Sie unterschieden sich deutlich von ihren andersfarbigen Freundinnen. Rothaarige waren zuverlässig mild statt wild, Brünette hatten schnell was Mütterliches, Schwarzhaarige waren ausnahmslos erstklassige Köchinnen mit blitzartigem Zug zum Molligen.

Blondinen waren allzeit anders. Sie waren unberechenbar. Sie hatten unverkennbar einen Huscher, wenn auch meist einen reizenden. Und oft gewann man den Eindruck, sie gäben sich *blonder,* als sie wirklich sind – um den Mann an ihrer Seite klüger wirken zu lassen, als er ist.

Sie sind immer auch Schauspieler – und als solche freigegeben für Witze. Sogar von mir, obwohl ich ein Präsident (siehe oben) bin, der Witzeerzähler als Tod jeder intelligenten Unterhaltung verachtet. Schriftlich habe ich nichts dagegen, sofern die Witze ein Mindestniveau halten. Drei Blondinenwitze sind mir in angenehmer Erinnerung:

- Woran merkt man, dass eine Blondine am PC werkte? Am Tipp-Ex auf dem Bildschirm.
- Warum stehen 14 Blondinen vor dem Kino und warten auf zwei Freundinnen? Weil der Film erst ab 16 gesehen werden darf.
- Chef: „Was steht diese Woche im Kalender?" Blondsekretärin: „Montag, Dienstag, Mittwoch ..."

Fazit:
Diese Reihe darf getrost fortgesetzt werden.

Darf man heutzutage noch heiraten?

JA, auch wenn manche Statistiken dagegen sprechen. Es soll Tage geben, da mehr Ehen geschieden als geschlossen werden.

Viele glückliche Ehen zeigen aber, dass es kaum etwas Schöneres gibt. Und im Gegensatz zu früher gibt es Wissenschaftler, die ziemlich genau die Kriterien für gute Ehen kennen. Zum Beispiel diese:

- Nicht gar zu jung gleich den erstbesten Partner heiraten. Das schützt später vor dem dunklen Verdacht, viele andere wären vielleicht besser gewesen.
- Früher wurde das Gegensätzliche als Reiz empfohlen, heute empfiehlt man ein Höchstmaß an Gemeinsamkeit. Die natürliche Eigenart der Geschlechter (bei heterosexuellen Ehen) ist Gegensätzlichkeit und Reiz genug. Darüber hinaus sind gemeinsame Interessen besser. Man hat dann eine ewige Gesprächsbasis. Und damit das Fundament für das große Geheimnis des gemeinsamen Lachens.
- Man ahnt heute den Wert wechselseitigen Freiheits-Vertrauens, das Selbstbewusstsein verlangt.
- Wache Freude an Erfolgen des Partners, nicht nur der eigenen. Familien-Teamgeist statt Eifersucht. Der beste Freund des Autors glaubt gar die Quelle ewigen Eheglücks erschlossen zu haben: „Unendliche wechselseitige Bewunderung". Dass Haut und Geruch des Ehepartners als exquisit empfunden werden, ist eine vergleichsweise einfache Forderung. Sie wurde schon in den ersten Stunden des Kennenlernens geklärt.

- Die Angst vor Neuversuch im Falle des Scheiterns, verbunden mit ewiger christlicher Höllenfahrt, ist im aufgeklärten Mitteleuropa auf null gesunken. Jeder, der als Wiederverheirateter auf die Sakramente Wert legte, fand einen Priester dafür. Die „Ungehorsamen" gegen die Unbeweglichen im Vatikan gibt es nicht erst seit Österreichs Ex-Caritas-Präsident Helmut Schüller. Er hat sie nur in beispiellos intelligenter Weise auch international sichtbar gemacht und ermutigt.

Fazit:
Auch heute spricht nichts gegen Ehe. Sie kann eine Insel von Freuden sein, die es ohne sie nicht gibt. Und falls sie doch nur Plagen bringt, die es ohne sie nicht gäbe, muss sie nicht hingenommen werden, ohne gleich das künftige Paradies zu verlieren.

Darf man seiner Geliebten einen begehbaren Schrank verweigern?

*D*ie textilen Expansionsbestrebungen seiner Frau bereiteten ihm schlaflose Nächte, schrieb ein Salzburger Gentleman. Ob denn ein begehbarer Schrank notwendig sei, selbst wenn dadurch größere Umbauten ins Haus stünden?

Die Anfrage rüttelt auf. Sie berührt Tiefenwurzeln der Existenz. Im Schwierigkeitsgrad gleicht sie der Frage nach Gottesbeweisen. Ich erlaube mir daher, in einigen sauber getrennten Absätzen zu antworten.

Erstens: Die Anfrage weist auf jugendliches Alter. Daher stelle ich eine Faustformel an den Anfang, die Gentlemen hoher Reife gefunden haben. Sie lautet: Mit einer Frau kauft man nicht eine Wohnung, sondern zwei, baut man nicht ein Haus, sondern zwei.

Zweitens: Der begehbare Schrank ist nur eine Zwischenstufe zum eigenen Gwandhaus mit eigener Lieferantenzufahrt.

Drittens: Fügen Sie sich dem Schicksal. Und seien Sie dankbar, dass ich Sie vor einer Täuschung bewahre. So können Sie als junger Mann vorbauen. Und stehen später nicht wie ein frisch gewaschener Stier da, den man lackiert hat (für die Etymologie des Salzburgers als „Stierwascher" fehlt hier der Platz).

Viertens: Seien Sie fair zu Ihrer Geliebten. Es fehlt ihr wie jeder Frau in Fragen der Ausstattung das Unrechtsbewusstsein. Sie ist nach römischem Recht unschuldig. Selbst wenn sie einst sagte: „Im Gegensatz zu eitlen Weibern brauche ich nur drei Schubladen, allenfalls ein Hängekästchen." Bis zur Trauung glaubt sie dies selbst. Die spätere textile Expansion gleicht jener der Milchstraße. Sie ist stetig und gottgewollt.

Fünftens: Ziehen Sie als Egoist daraus Vorteile. Sie haben als Mann den Kick neuer Kleider schon selbst entdeckt. Man ist nicht mehr der Grizzly, dem ein Fell fürs Leben genügt. Oder ein Oxford-Professor mit einer Schnürlsamthose pro Semester. Man trägt Schuhe von Ludwig „Till" Reiter und Markus Scheer. Man hat jetzt selbst Kaschmir- & Tweed-Sakkos und Anzüge und weiß, wie man Smokings und Fracks bei Peppino leiht.

Fordern Sie demgemäß als Hausherr mit strenger Stimme ein Plätzchen in den Gwandhäusern ihrer Holden. Sie wird es mit Unterwerfung danken.

Darf man als Frau Hosen tragen?

*D*iese Frage verdanke ich dem erfolgreichen *Gwandhaus*-Boss Gerhard Gössl. Er schickte mir die Frage einer *Gössl-Journal*-Leserin zur sachkundigen Beantwortung. Maria S. schrieb äußerst witzig über ihre rund hundert Kilo und stellte am Ende die Frage, was über Frauen und Hosen zu sagen sei.

Hier die Antwort, wie sie auch im *Gössl-Journal* erschien.

*L*iebe Maria S., darf ich in einer Art Drei-Sprung antworten?

1.
In Ihrem Fall ist die Frage „Rock oder Hose" sekundär. Sie verfügen über das Attraktivste: Selbstironie. Kluge Männer können auf Dauer nur mit einer Frau glücklich leben, die klug ist und lachen kann – sogar über sich selbst. Wobei Ihre molligen Maße ohnehin kein Grund für Heiterkeit sind. Sie kommen dem Geschmack vieler Männer entgegen. Vor allem auch der bildenden Künstler, die täglich mit Körpern zu tun haben, also viel da-

von verstehen. Das gilt keineswegs nur für Altertums-
motive (siehe das beliebte Sujet „Der Raub der Sabine-
rinnen") oder das 17. Jahrhundert von Peter Paul Rubens.

Meine Freunde und viel zu früh verstorbenen Welt-
klassekünstler Heinz Juxi Jonak und Alfred Hrdlicka
haben dünne Frauen gar nicht wahrgenommen. Ich
sah sie ausschließlich in Gesellschaft von Damen, die
das pralle, knöpfesprengende Leben verkörperten. In
meiner Kunstnische steht unter japanischen Hokusai-
Holzschnitten und Bildern von Juxi, Hammerstiel und
Ringel ein weiblicher Bronze-Torso von Hrdlicka. Meine
Hände besuchen ihn gern. Aber nur, wenn meine sport-
lich-schlanke Herzallerliebste nicht zuschaut. Sie kennt
Kampf-Tritte, die zwischen den zwei großen Zehen
wehtun. Also bitte nicht weitersagen.

2.

Da der Leserbrief aus dem eleganten Altmünster kommt,
gehe ich davon aus, dass mit Hose die Überhose, nicht
die Unterhose gemeint ist. Obwohl diese, nebenbei gesagt, ein unterschätztes Thema ist. Der eminente Historiker Fernand Braudel hält die Unterhose für die wichtigste Erfindung, wichtiger als Dampfmaschine und
Glühbirne. Sie eröffnete die „Epoche der Hygiene". Cate-
rina de Medici brachte die erste Damenunterhose zirka
1650 an den französischen Hof. Erst ab 1840 wurde sie
Society-Pflicht. Die Frauen des Volkes gingen bis zum
Beginn des 20. Jahrhunderts meist *unten ohne*.

Ich empfehle hiermit dem hoch geschätzten Gerhard
Gössl, seine Design-Genies endlich auf Trachten-Unter-
wäsche anzusetzen. Diese könnte unendlich witzig und

anregend sein. Wenn meine Holde aus dem sinnlichen Dirndl steigt, ist ihre moderne Unterwäsche immer ein Rückschritt, obwohl ich diese als tapferer Mann bei *Victoria's Secret* und in diversen *La-Perla*-Geschäften kaufe.

3.

Die Hose selbst hat eine abenteuerliche Geschichte. Dafür fehlt hier der Platz. Wichtig ist, dass sie schon im 1. Jahrtausend AD von Reitervölkern wie Skythen, Sarmaten, Dakern und Mongolen erfunden wurde. Die getrennt umhüllten Beine waren fürs Reiten ideal. So waren die ersten akzeptierten Damenhosen Reithosen. Für Motorradfahrerinnen auch Bike-Hosen. Eine Harley-Pilotin im Röckchen ist nicht reizlos, aber artfremd und selbstmörderisch.

Die Altmünster-Frage von Maria S. zielt aber eher auf Geschäftskleidung und Alltagskleidung, die zwei unterschiedliche Welten sind.

Jil Sander war für *Business*-Hosenanzüge, was Coco Chanel fürs *Kleine Schwarze* war. Sie gewann damit Karriere-Frauen, die so wie Männer sein wollen – äußerlich wie innerlich –, um schnellen Erfolg zu lukrieren. Nach 30 Jahren als Ex-Chefredakteur/Herausgeber des Wirtschaftsmagazins *trend* halte ich dies für einen Irrweg. Alles Künstliche ist todgeweiht. Auch hier gilt Abraham Lincoln: „Du kannst alle Leute für einige Zeit, und einige Leute für alle Zeit, aber nicht alle Leute für alle Zeit hinters Licht führen."

Im Alltag muss die „Hose für Frauen" anders gesehen werden. Da kleiden sich Frauen zwar auch, um

Männern zu gefallen. Aber gleichzeitig dafür, ihre Freundinnen in den Wahnsinn des Neides zu stürzen. Die Klügsten kleiden sich so, dass sie sich selbst wohlfühlen. Mit dem Wohlgefühl steigen Lebensfreude und Selbstsicherheit – die als innerer Glanz und eigentliche Attraktivität aufleuchten und die Männer wie Motten ans Licht locken.

Darf man der Liebsten ihre Katze ausreden?

*N*IEMALS.

Frauen mit Katze haben ein vor der UNO einklagbares Recht auf Kontinuität. Obwohl sie dieses nicht brauchen. Die Verbindung von Frau und Katze reicht in die tiefsten Tiefen der Zeit zurück, tiefer als die alberne Schöpfungsgeschichte mit Adam und Apfel und Schlange.

Mag sein, dass man eine geliebte und liebende Frau noch vor die Alternative stellen kann: „Dein Hund oder ich".

Schon dies ist schwierig. Schon dies geht eher gut für den Hund aus, obwohl er auf Unterwerfung trainiert ist, also dem feigen Manne verwandt ist. Vollends undenkbar ist die Abtrennung einer geliebten Katze, die in Stolz, Eigensinn und beliebig aufrufbarer Hysterie grundsätzlich dem Weibe nachgebildet ist und mit diesem eine unheilige Allianz einging, von allem Anfang an.

Was schließen wir daraus? Wenn du als Mann eine Frau mit Katze begehrst, stelle dich klug und lässig in die zweite Reihe. Akzeptiere das Sekundäre deiner Existenz. Spiele aus den hinteren Rängen die Trumpfkarten deiner Souveränität aus. Stelle statt der engen Stadtwohnung, unter der Kleopatra (die Katze) immer schon litt, eine kleine Villa am Stadtrand in Aussicht, mit einem Riesengarten voll Mäusen und Libellen und Katzentürln in allen Himmelsrichtungen des Hauses, und einen Fressnapf in Nirosta, der auf Pfotendruck wahlweise Whiskas oder Sheba liefert, weil einseitige Ernährung so ungesund ist.

Das wirkt oft Wunder. Die blonde Marilyn mag noch zögern. Doch Kleopatra flog längst in deinen Schoß. Sie schnurrt wie ein Achtzylinder. Ihre großen Augen fragen: „Worauf wartet die Depperte noch?" So sehen Siege aus.

SOLL UND HABEN
Gutes Benehmen für Wirtschaft und Erfolg

Darf man leere Zimmer loben?

*J*A, sofern die Leere von einer Art ist, wie sie ein normaler westlicher Mensch wie unsereiner ertragen kann. Also nicht in der radikalen Auslegung, wie sie der abtrünnige, ursprünglich westliche Mensch und spätere Zen-Evangelist Alan Watts im Sinn hatte, als er schrieb:

„Schwer zu begreifen,
dass im Nichts das Alles liegt."

*D*iese DARF-MAN-Antwort hat zum Ziel, die Produktivitätssteigerung einer Inneneinrichtung zu loben, deren wesentliche Merkmale „relative Leere" und „Verführung zur Kontemplation" sind. Man könnte auch den schönen Slogan für das Zwerg-Auto *Smart* anführen: *reduced to the max.*

Die Entdeckung kam mit der wichtigsten Reise meines Lebens, der ersten nach Rotchina, die mich zunächst über Chengdu in Sezuan nach Lhasa in Tibet führte, nach einigen Tagen und Nächten weiter nach Peking.

Man wird wohl annehmen, ich sei in 5000 Meter Höhe in Tibet geläutert worden. Das stimmt auch, aber nicht im Sinne einer effektiven Innenarchitektur. Dafür war später das alte, legendäre Hotel „Bejing International" zuständig. Es war damals, vor rund 30 Jahren, in einem köstlich abgewohnten Zustand, einfach ein linkes Staatshotel, dessen einstige Grandezza immer noch durchschimmerte (heute ist es renoviert und verschlimmbessert).

Als ich ankam, war ich todmüde. Als ich wegfuhr, war ich hellwach. Dabei hatte ich zwischendurch kaum geschlafen, hauptsächlich gearbeitet, und zwar freiwillig im Zimmer, was ich ansonst verabscheue, wenn im gleichen Haus eine Bar-Theke lockt, an der man stehend schreiben kann.

*W*as war in diesem Mid-Size-Hotelzimmer geschehen? Man könnte sagen: ein Paradigmenwechsel im Innern des Gastes. Bis dahin war ich üppige Zimmer gewohnt gewesen: schwellenden Traditions-Luxus oder kühles Design-Chi-Chi, und viel Infrastruktur für meine technischen Spielzeuge und Werkzeuge. Dazu zehnmal so viele Samt-Hängebügel, als ich als reisender Single brauchte. Und alles trotz höchster Ambition mit dem Zweckgeruch standardisierter Verwöhnung.

Im „Bejing" war das Gegenteil der Fall. Das Hotelzimmer glich manuellen Soitzenkameras wie Linhof, Alpa und Leica. Das Zimmer konnte wenig, aber das Wenige und Wesentliche in qualitativ höchster, geschmacksicherer Schlichtheit. Ein Ewigkeitswert pumpte das Herz des Reisenden auf.

Es war eine meiner letzten großen Reisen des Schreibmaschinenzeitalters. Ich hatte meine geliebte „Dschungel-Olivetti" Lettera 35 dabei, ein flaches, unverwüstliches Ding. Ich vermisste keine elektrischen Steckdosen, elektronische sowieso nicht. Der erste IBM-PC kam erst zwei Jahre danach, und *Internet* kam damals nicht mal in Sci-Fi-Werken von Ray Bradbury und Stanisław Lem vor.

*W*as fand ich vor? Ein Zimmer, das viel größer schien, als es war. Denn es stand wenig darin. Was da war, war von natürlicher Qualität. Vor mir ein großer Schreibtisch aus massivem Rosenholz, alt, stabil, zehntausendmal saubergerieben von chinesischen *room-maids*, ein unvergleichlicher Schimmer, den nur Massivholz annehmen kann. Furnierte Möbel wären längst zugrunde gereinigt worden. Rechts und links vom Tisch je eine riesige Thermoskanne mit heißem Wasser, kindeshoch. Auf dem Tisch eine große, britische Blechbüchse mit Tee, ein metallischer Teefilter, eine Tasse, ein geräumiger Aschenbecher. In den Schubladen krachendes, holzreiches Papier mit blassroten Linien, ein Fass Tinte, ein Federstiel mit Stahlfeder. Eine kleine Tischlampe und eine große Stehlampe gaben feines Licht. Ein simpler Schrank mit fünf Bügeln nahm die Kleider auf. Ein einfaches, massives Bett mit einer Bettwäsche, die vor Sauberkeit steif war und krachte, lockte im Halbdunkel einer Zimmerecke. Dazu ein kleines Bad. DAS WAR ES.

Und war besser als alles, was man an Plaza-Luxus in New York, Peninsula-Luxus in Hongkong, Crillon-Luxus in Paris oder Dolder-Luxus in Zürich genossen hatte.

*I*ch schrieb, durch die Leere belebt, eine lange Geschichte mit der Schreibmaschine. Ich machte Tee, Tasse für Tasse, und schrieb Seite um Seite. Dann verfasste ich noch private Briefe mit der alten Redis-Feder und dieser Flüssigkeit, die zwischen Tinte und Tusche lag. Ich bedauerte, nicht auch Siegelwachs und Petschaft zur Hand zu haben. Gegen Morgen entdeckte ich ein altes Röhren-Radio, das chinesische Schlager spielte, die schön waren, weil ich die Texte nicht verstand. Zur Belohnung für emsige Arbeit gab es einen Zahnputzbecher voll Mao-Tai. Einen Hirse-Schnaps von tödlicher Schärfe und verführerisch-bestialischem Gestank. Ich konnte ihn meinen Freunden nie begreiflich machen. In unserer gesundheits-hysterischen Zeit ist er ohnehin längst verboten. Den Mao-Tai zur Hand, stand ich am Hotelfenster, das man damals noch öffnen durfte (Selbstmorde galten in China neben dem Ein-Kind-pro-Familie-Prinzip als ehrenwerter Beitrag zur Bekämpfung der Übervölkerung), und blickte segnend auf ein lautloses Meer von Radfahrern. Nur die Fahrradklingelklöppel schlugen an, wenn sie durch Schlaglöcher fuhren, die zu jener Zeit noch zu Pekings Straßen gehörten wie der Rührbesen zur Tee-Zeremonie.

*Z*urück zum Kern der Sache. Es war die bis dahin glücklichste schöpferische Nacht. Die Lehre: Leere ist wunderbar. Später entwickelte ich daraus den einzigen

Satz, der mich überleben wird: „Immer weniger von immer Besserem". Dies ist das einzige Motto, das die Industriestaaten retten wird, ein sinnvoller Imperativ aus ökonomischen und ökologischen Notwendigkeiten. Es ermöglichst Wachstum, ohne die Erde zu beschädigen. Dem maßgeblichen *Bruttonationalprodukt* ist es egal, ob es dadurch entstand, dass man viel billigen Schund erzeugt, oder wenig vom Besten. Und es hilft – siehe *Bejing International* – der Kreativität auf die Sprünge.

*I*ch habe Rotchina (und das abtrünnige Formosa beziehungsweise Taiwan) auch später besucht. Es war nie mehr das Gleiche. Die höchste Entsprechung des Prinzips „Immer weniger von immer Besserem" fand ich schließlich in Japan. Dort kennen die Menschen schon aus Platzgründen nicht das elende, kleinbürgerlich-europäische Prinzip „billig, aber viel". Mit einem fulminanten Talent fürs Rollen, Falten, Stapeln und Stauen (und der grandiosen Erfindung der Schiebetür) machen sie aus kleinsten Raumkubaturen Säle. Der kultivierte Japaner kennt auch den Begriff der *Kunst-Nische*. Darin hängt oder steht das *eine und einzige* Kunstwerk, in dem die finanziellen Möglichkeiten der Familie versammelt sind. Dieses Kunstobjekt tauscht man, sobald die Zeiten besser sind, gegen ein immer höherwertiges aus, sodass am Ende ein Original-Holzschnitt von Hokusai oder eine „Thin Man"-Plastik von Giacometti zu sehen ist.

Darf man als Politiker die Gastronomie ruinieren?

JA, man darf, sonst säßen fast alle verantwortlichen Politiker in den deutschsprachigen Ländern im Gefängnis.

Es führt hier zu weit, die negative Auslese heutiger Politiker zu erklären (hat viel mit den Bürgern zu tun, die generell auf alle Politiker hinhauen und damit auch die guten demotivieren). Jedenfalls sind selbst die Finanzministerien mit Kleinbürgern besetzt, die ihre Ressort-Bilanz mithilfe der schikanösen Vernichtung der Geschäftsessen beziehungsweise deren Steuer-Abschreibbarkeit aufbessern wollen.

Diese Kleinbürger verstehen nichts von Wirtschaft. Sie sehen die Geschäftsessen als Sodom & Gomorrha, wo geile Böcke von Unternehmern Kaviar und Champagner konsumieren, und die Kellnerin gleich dazu. Tatsächlich aber dienen Geschäftsessen sei je dazu, relativ preiswert die menschlichen Qualitäten eines Geschäftspartners auszuloten. Oder sich für erwiesene Treue und Handschlag-Verlässlichkeit zu bedanken, was indirekt zur Geschäftsbelebung und zu höheren Steuerzahlungen führt, also von klugen Finanzministern gefördert werden müsste.

So weit reicht deren Horizont aber nicht. Er wird im Gegenteil noch weiter verdunkelt durch eine neue Rasse von Neidern und Missionaren und quasi-religiösen Savonarolas. Diese erblicken schon in einem Kürbisschaumsüppchen und einem Glas Zweigelt einen schweren Fall von Korruption.

Was theoretisch Stoff für eine Komödie sein könnte, ist praktisch eine schleichende Tragödie. Sie höhlt nach und nach die Gastbetriebe aus: Die kleinen Beisln, wo Gewerbetreibende ihre Geschäftskontakte pflegten, und die noblen Hotelrestaurants, die von Konzernkontakten lebten, solange diese noch als sogenannte Werbekosten steuer-mindernd abgeschrieben werden konnten. Die Verluste an Geschäftsessen können selbst in Wien und seiner legendär trinkfreudigen Bevölkerung nicht ewig abgefedert werden.

In Österreich sind diesbezüglich auch zwei Institutionen zu tadeln, die ansonst weltweit als vorbildlich gelten: die IV (Industriellenvereinigung) und WKO (Wirtschaftskammer Österreich). Beide haben trotz hoher Intelligenzdichte und großer Werbeabteilungen bis heute nicht verstanden, das schleichende Siechtum einer Branche, das durch praxisfremde Gesetzgeber eingeleitet wurde, in angemessener Dramatik publik zu machen.

Wer heute als Unternehmens-Partner noch echte Gastfreundschaft erleben will, muss nach Asien, Afrika oder Brasilien gehen.

Darf man heute noch ungeniert Erfolg haben?

Wenn ich die Frage (die von einer erfolgreichen jungen Salzburgerin gestellt wurde) wortwörtlich nehme, lautet die Antwort: JA. Gerade in schwierigen Zeiten ist es ein Gebot der Höflichkeit, so viel Erfolg wie möglich zu haben, um besonders viel in die Solidaritäts-Fonds (Sozialversicherungen, progressive Einkommenssteuern) einzuzahlen, also die weniger Erfolgreichen mitzutragen.

Wenn allerdings die Frage so gemeint ist, ob man den Erfolg auch ungeniert zur Schau stellen darf, ist die Sache komplizierter. Zunächst gilt auch hier ein JA. Einer, dem es sichtlich gut geht, ist ein besserer Motivator für die Jugend als die zahllosen Verlierer, die dauernd herumschreien, man käme heute auf keinen grünen Zweig mehr, egal wie gut und fleißig man sei. Jeder sichtlich Erfolgreiche beweist, dass diese Jammerei ein Unsinn ist.

Allerdings sollte man gut überlegen, in welcher Weise man seinen Erfolg zur Schau stellt. Wirkliche Gentlemen und Gentlewomen sind keine Aufhauer. Man wird sie nie in lila lackierten Boliden mit gelbvergoldeten Türklinken sehen – das ist Sache der Lilioms, der Hutschenschleuderer und Zuhälter. In der Geschäftswelt sind derartige Statussymbole allenfalls ein Merkmal russischer, chinesischer, brasilianischer und afrikanischer Oligarchen, die als neureiche Konzernchefs aus Schwellenländern zwar wissen, wie man zu Geld kommt, aber noch keine Zeit fanden, Manieren zu lernen. Sie haben aus einst noblen Gegenden wie der Côte d'Azur oder Kitzbühel einen Wurstelprater gemacht, werden aber wegen ihrer hohen Wirtshausrechnungen und Trinkgelder sehr geschätzt, wenn auch selten bewundert.

*E*s gibt allerdings Sonderfälle von ungenierten Reichen, die ihr Geld-spielt-keine-Rolle-Leben auf eine witzige, abenteuerliche und sympathische Art öffentlich machen. Ein Beispiel ist der Engländer Richard Branson, der mit mutigen Geschäftsideen (Billig-Airline) zum Milliardär wurde und sich seither alle Bubenträume erfüllt, etwa Weltrekorde in Ballons.

Spezielle Achtung genießen jene, die wissenschaftliche Projekte unterstützen (archäologische Grabungen wie Ephesos, Medizinforschung), dürftig dotierten Museen mit ihren Privatsammlungen helfen oder der *Caritas* unter die Arme greifen.

Ob man in einem „Knigge des 21. Jahrhunderts" die *Fund-Raising-Dinners* gut finden soll, weiß ich nicht genau. Einerseits lukriert man damit viel Geld für prinzipiell gute Zwecke. Anderseits empfinde ich Abscheu vor Leuten, die mit achtgängigen Feinspitz-Menüs gegen den Hunger in der Welt kämpfen. Es gibt dafür noblere Ideen. Ich darf das so sagen, da ich selbst als Gourmet gelte. Ich würde meine Freude an Ente und Bordeaux ungern mit einem Heiligenschein versehen.

Das soll aber jeder so halten, wie er will. So weit ich es beurteilen kann, stehen Fund-Raising-Dinners in einem erstaunlich guten Ruf. Daher ist Lockerheit angesagt. Solange was Gutes für Arme dabei herausschaut, sollte man nicht päpstlicher sein als der Papst. Zumal hohe Kirchenherren selbst gern erstklassig speisen, ohne dabei an Entwicklungshilfe zu denken.

Darf man Luxus lieben?

*J*A.

*Z*u den kleinen, aber lästigen Tragödien unserer Zeit zählen falsch verstandene Wörter. Nie zuvor gab es so viele Begriffe, die als Schatten gelten, obwohl sie Licht sind.

Manche davon sind Opfer der Hitler-Zeit. Weil die Nazis Begriffe wie „Elite" und die Werke von Wagner und Nietzsche missbrauchten, werden sie heute oft verschwiegen, gemieden, verleugnet. Nur die Tapfersten stehen dazu. Zum Beispiel Genforscher Markus Hengstschläger, der mit dem Bestseller „Die Durchschnittsfalle" nachwies, dass wir die Zukunft nur mit Eliten bewältigen werden. Dass Richard Wagner die genialste Musik schrieb, wird erst heuer, zu seinem 200. Geburtstag, auf breiter Front wieder zugestanden. Nicht minder grotesk, auf die schönste Philosophen-Sprache, jene von Friedrich Nietzsche, zu verzichten, nur weil sein Begriff „Übermensch" einst sinnwidrig zweckentfremdet wurde.

*E*in Spezialfall von verklemmter Verdrängung ist der Begriff „Luxus". Er wird sogar von vielen ungern genannt, die ihn selbst lieben, täglich genießen und gut mit ihm umgehen können. Ein Hauptgrund der Scheu liegt darin, dass zwei negative Teilaspekte des Luxus überbewertet werden.

Erstens: Man verabscheut das Protz-Gehabe jener, die ihre Luxusgüter grell zur Schau stellen. Diese *Parvenues* sind tatsächlich eine Umweltvergiftung ästhetischer Art, sollten aber mit zärtlich-christlichem Mitleid gesehen werden. Es geht dabei um Mitbürger(innen), die ohne Geldglanz matt sind. Sie überspielen innere Leere, Geistesarmut und, wie man in der Sigmund-Freud-Stadt Wien mutmaßt, zuweilen auch sexuelle Nöte. Abgesehen davon sind die Protze oft ärmer als es scheint. Man schätzt, dass jeder Zweite seinen Anerkennungshunger kreditfinanziert und durch die höheren Unterhaltskosten, die mit Luxusprodukten verbunden sind (Versicherung, Absicherung, Service), schnell wieder zu Boden geht.

Zweitens: Man scheut das Wort Luxus, weil sich das Gerücht hält, der Luxus des einen sei zwingend die Armut des anderen. Selbst der Philosoph Arthur Schopenhauer ging in diese Falle: „Demnach würde zur Milderung des menschlichen Elends das Wirksamste die Verminderung, ja Aufhebung des Luxus sein." So scharfsichtig dieser große Skeptiker war (er enthüllte zum Beispiel die Kunst als wichtigste Trösterin), so sehr fehlte ihm, obgleich Sohn einer Hamburger Patrizierfamilie, der Sinn für Ökonomie.

*T*atsache ist: Der Verzicht auf sogenannte Luxusprodukte würde kein Elend abschichten. Er würde auch dem Wohlstand der „breiten Mitte" nicht nützen. Er würde allenfalls schaffen, was alle Planwirtschaften mit ihren gleichmachenden „Normal"-Produkten wie Trabi und Rotkäppchen-Sekt geschafft haben: Armut für alle.

Wobei ich hier die Luxusprodukte klassisch definiere als rar, qualitativ hochwertig und teuer. Sie sind aus fast jedem Betrachtungswinkel ein Segen. Derzeit sind sogar Hyper-Luxusprodukte, die hart an die Grenze des Geschmacks schrammen, zu loben. Tourbillon-Armbanduhren mit mehr Brillanten als Zahnrädern oder *Stretch SUVs* melken mit ihren irren Preisen jene superreichen Zyniker, die im Zuge einer enthemmten Finanzwelt und globaler Steuerflüchtlinge zahllos entstanden.

Generell gilt: Luxusprodukte, die wirklich ihren Namen verdienen, sind auf vielfache Weise gut. *Anthropologisch* gut, weil sie das innere Programm des Menschen nach Veredlung (Evolution) spiegeln. *Nationalökonomisch* gut, weil sie in vielen Branchen tot geglaubte Manufakturen wieder aufleben lassen, deren tiefgründige Fähigkeiten weder von Fließband-Giganten noch von Kopisten in Billiglohnländern erreicht werden können. *Betriebswirtschaftlich* und *arbeitsmarkttechnisch* gut, weil die Edelprodukte mit ihren hohen Gewinn-Margen pro Stück oft helfen, die Gesamtproduktion im teuren, europäischen Inland zu belassen, nicht nur das *brainwork* wie Forschung & Entwicklung. Ein Insider sagte beim jüngsten *autorevue*-Award-Fest: „Wissen Sie, warum der Mercedes 600 in den neureichen Ländern so erfolgreich ist? Weil es noch keinen Mercedes 700 gibt. Den Superreichen kann gar nichts teuer genug sein."

*L*uxusprodukte sind auch *kulturell* gut. Sie erheben, vergleichbar der Hochkultur. So wie diese werden sie nicht gleich von allen als Notwendigkeit begriffen. Diese Erkenntnis reift immer erst nach einem individuellen

Lernprozess. Dieser setzt mit dem ersten Spitzenprodukt ein, das man sich selbst vergönnt. Ich bin auch überzeugt, dass die Produktqualität auf den Besitzer zurückschlägt. Sie fährt im Wege der Osmose durch die Haut ins Herz ein, und ins Gehirn. Mit einer hochwertigen Füllfeder schreibt man Liebesbriefe, keine Todesurteile. Mit einem Christofle-Messer bringt man keinen um, sondern schneidet damit burgenländische Super-Paradeiser. Die seit 50 Jahren treue Fließhecklinie eines Porsche 911 wird auch jenen, die keinen besitzen, als zeitlose Verschönerung einer oft hässlichen Umwelt begreiflich, wie eine Skulptur von Meister Hrdlicka, nur schneller.

Das erste eigene Luxusprodukt hat noch zwei weitere, interessante Vorzüge. Es beseitigt den bis dahin natürlichen Neid. Und fördert die Erkenntnis, dass teuer meist billiger kommt. Aristokraten, die ausnahmslos grausame Geizkrägen sind, würden niemals Billigschuhe kaufen. Sie wissen seit Jahrhunderten, dass hochwertige Luxusschuhe, eigenhändig gepflegt, unter dem Strich das bessere Investment sind. Sie hüten das aber gern als Geheimnis.

Darf man ungeschminkt ins Büro gehen?

JA, aber nur einmal, falls man eine Chefsekretärin ist. Andernfalls ist man eine Chefsekretärin gewesen. Zumindest lernte ich auf zirka zehn Weltreisen in fünf Kontinenten, die ich im Dienst des Wirtschaftsmagazins *trend* unternahm, keine einzige Torwächterin von internationalen Konzernchefs kennen, die nicht vor Bürobeginn in der „Maske" gewesen wäre, wie der Fachausdruck bei Schauspielern heißt.

Das heißt nicht, dass sie allesamt Schönheitsköniginnen sind. Oder irgendwie doch: Was ihnen zuweilen zum Model fehlen mag, machen sie mit einem Leuchten wett, das von inneren Feuern der Intelligenz und Machtbefugnis kommt. Dazu ein unfehlbarer Dresscode: helle Seidenbluse zu dunkler Kombination mit Rock in Midi-Länge und Schuhen in Midi-Stöckelhöhe, oder die teuersten Hosenanzüge von Jil Sander. Legendäre Chefsekretärinnen blieben diesem Look in maßvoller Anpassung auch dann treu, wenn sie gebeten wurden, weit übers Pensionsalter an Bord zu bleiben, weil sie mehr wussten als die nachrückenden Bosse. Eine Parallele zur politischen Welt, in der es heißt: „Minister kommen und gehen, Spitzenbeamte bleiben."

Unterhalb der *Beletage* findet man die Erscheinungsformen der Damen aus der Strenge gelöst. Am deutlichsten ist dies an unverzichtbaren, fachlich erstklassigen Managerinnen zu sehen, die immer häufiger die mittleren Ränge besetzen, wenngleich sie weiterhin vom obersten Job durch einen „gläsernen Plafond" getrennt sind. Je nach ihrer Unverzichtbarkeit sind sie frei in Fragen der Figur und Frisur und Fassade, nicht immer zu ihrem Vorteil, doch im Dienst ihres eigenen Wohlbehagens.

Als totale Schmink-Opfer sind jene blutjungen Damen zu sehen, die eigentlich noch keine Hilfe nötig hätten, aber im Dienst von Schönheitsprodukten stehen.

Man sieht sie als Reisender in Riesenkaufhäusern wie Harrods (London), Macy's (New York) und Fayette (Paris), wo sie zeigen, wie jung man aussehen kann, wenn man ein wenig Geld in die Hand nimmt.

Meine klugen Leserinnen und schönen Leser mag irritieren, dass in diesem Kapitel keine Männer vorkommen. Das liegt vielleicht daran, dass sie im Äußeren in vielen Companys freier denn je sind. Allerdings auf einem brutalen Fundament, das nicht verhandelbar ist: Waschen, Zähneputzen, saubere Schuhe.

Darf man damit prahlen, in der Schule schlecht gewesen zu sein?

*R*ein rechtlich: JA. Lügen in Selbstauskünften dieser Art sind straffrei. Sonst säßen alle Bürger der deutschsprachigen Länder hinter Gittern. Da in Österreich, der Schweiz und Deutschland der höchste Anteil an Strebern verzeichnet wird, der Streber aber als Schleimer und ekliger Besserwisser in schlechtem Ruf steht, erzählt jeder Erwachsene von seinen einst schlechten Zeugnissen.

Man erhofft sich damit auf billige Weise Applaus. Man geriert sich als Revoluzzer gegen die muffig-gestrigen Lehrer, als wilder Hund im Zerbrechen aller Schulordnungen („In *Betragen* kam ich nie über ein *Genügend* hinaus!“) und als toller Hecht, der trotz zahlloser Fünfer und mancher „Ehrenrunde“ (wiederholte Klasse) dann später im wirklichen Leben ein Erfolgreicher wurde.

Selten fehlt dabei der Gemeinplatz: „Aus Strebern ist im wahren Leben nie was geworden."

Wie viele Gemeinplätze ist auch dieser schwachsinnig. Aus fast jedem Streber, nach oft anschließendem Studium, ist was Höheres geworden, während jene, die schon in den Schulklassen keinen Siegeswillen hatten, ihn auch später nicht fanden. Der ausnahmsweise passende und korrekte Gemeinplatz dazu heißt: „Was Hänschen nicht lernt, lernt Hans nimmermehr."

Erst in jüngster Zeit lassen manche „Seitenblicke"-Interviewte aufhorchen. Sie sagen: „Ich muss gestehen, ein erstklassiger Schüler gewesen zu sein." Diese vermeintlich Aufrichtigen haben mit beträchtlichem Instinkt erkannt, dass dies originell klingt. Nun ist es aber so, dass Instinkt und Verstand oft Wechselgrößen sind. Und siehe, bei tieferem Bohren erwies sich, das jene, die sich nun als Musterschüler geben, tatsächlich die letztklassigsten Zeugnisse nach Hause brachten.

Das heißt: in dieser Frage lügen alle. Die guten Schüler reden sich später schlecht, die schlechten gut. So weit ich es überblicke, war ich der einzige Aufrichtige. Ich erzählte von frühem Leid in Volksschule und Hauptschule. Dort war immer einer besser als ich. Ich hasste die Silbermedaille. Als ich an der HTL endlich das beste Maturazeugnis hatte, war dies nutzlos, da ich an der Wirtschafts-Uni Nationalökonomie studierte. Und von all den Schulerfolgen hatte ich wenig, da ich durch Zufall und ein amoralisch hohes Angebot in den Journalismus scheiterte, den ich nie gelernt hatte. Dort bin ich dann noch ehrlicher geworden als vorher – man weiß gar nicht, wohin das noch führen wird.

Darf man seiner inneren Stimme folgen?

JA. Ich kann das aus eigener Erfahrung empfehlen.

In meinem Freundeskreis bin ich mit Abstand der Dümmste, was den Umgang mit Menschen betrifft. Ich mag zunächst jeden, bis auf Widerruf. Bei manchen klugen Freunden ist es gerade umgekehrt: Sie misstrauen jedem neuen Menschen, sind aber bereit, ihn nach langer Beobachtung und strenger Prüfung gelten zu lassen.

Die Ergebnisse sprechen oberflächlich für sie, nicht für mich: Sie wurden fast nie enttäuscht, ich ziemlich oft. Ich bürgte für manche, die der Bürgschaft nicht würdig waren. Ich machte mich lächerlich mit Plädoyers, Geschenken und Vertrauensbeweisen für Leute, die ich kaum kannte. Einmal verkaufte ich einem Halbfremden einen großartigen Oldtimer, den „Barockengel" genannten BMW V 8, Baujahr 56. Ich übergab ihm Auto und Kaufvertrag, die Kaufsumme von ÖS 110.000,– sollte ich am nächsten Tag kriegen. Das ist jetzt 25 Jahre her. Ich sah keinen luckerten Heller.

Was soll ich daraus lernen? Soll ich jetzt auch misstrauisch werden wie meine Freunde? Soll ich jetzt auch werden wie sie, die keinen Groschen verloren und keine Enttäuschung erlebten, weil sie niemals Erwartungen in andere setzten?

Wahrscheinlich wäre dies vernünftig. Vernünftig ist aber nicht dasselbe wie richtig. Ich glaube, dass es richtig ist, einfach der zu sein, der man ist. Es hat keinen Sinn, eine Rolle zu spielen, die einem nicht liegt. Jeder,

der gegen die Wünsche der eigenen Seele handelt, beschädigt sich innerlich selbst – auch wenn er mit der falschen Rolle zunächst Erfolge hat. Auf lange Sicht würden auch diese ausbleiben.

Winston Churchill war davon überzeugt, dass man in seinen äußeren Handlungen möglichst genau den inneren Anleitungen folgen soll. Per Saldo wird man damit einen Gewinn erzielen. Die positiven Erlebnisse werden die negativen übertreffen.

So war es erstaunlicherweise auch in meinem Fall. Mein patzweicher, fröhlicher Optimismus, der von einem tiefen Glauben an das Gute im Menschen rührt, trug neben den Niederlagen auch schöne Früchte.

Das früheste Beispiel: Meine Schwester, um vierzehn Monate jünger als ich, schlug mich schon im Kindheitsalter unentwegt K. O. Ich bot ihr im Gegenzug jeweils ein Stück meiner Schokolade. Man hätte meinen können, ich sei schon im Alter von vier Jahren ein treuer Jünger des Alten Testaments gewesen – biete dem, der dich auf die rechte Wange schlägt, auch die linke. So war es natürlich nicht. Ich gehorchte lediglich meinem Naturell. Zunächst zahlte ich drauf. Dann aber profitierte ich. Heute noch schämt sich meine Schwester ihrer brutalen Kindheit und verwöhnt mich, wo sie kann. Der Saldo ist längst positiv.

Das zweitfrüheste Beispiel bietet ein umgedrehtes Bild, aber das gleiche Ergebnis. Diesmal gehorchte ich einem kämpferischen Appell meiner inneren Stimme. Im Internat der technischen Mittelschule watschte ich mit der Rohkraft meiner bäuerlichen Herkunft einen

Erzieher ab, weil er einen hilflosen Mitschüler sadistisch schikaniert hatte. Ich flog aus dem Internat, obwohl der Direktor zugeben musste, dass meine Handlung einer Art Moral entsprang. Auch dieser Rausschmiss geschah zu meinem Glück. Es erwies sich, dass ich als Fünfzehnjähriger, der privat wohnen und selbst für sich sorgen musste, schneller reifte und bessere schulische Erfolge hatte als früher.

Meine Gradlinigkeit brachte auch später viele Gewinne. In einer Firma, wo es mir besonders gut gefiel, störte mich nur, dass ich einen Chef über mir hatte, der noch beschränkter war als ich. Ich sagte das völlig naiv dem Eigentümer des Unternehmens: „Ich würde gerne selbst Generaldirektor sein, dann redet mir keiner mehr drein." Das sah der alte Herr und Hauptaktionär zu meiner Überraschung ein. Er machte meinen Konkurrenten zur Putzfrau und mich zur Nr. 1.

Ich kam da natürlich endgültig auf den Geschmack. Wie die Hauptfigur in Grillparzers „Weh dem, der lügt!" ging ich immer direkt auf die Wahrheiten los, die mein Gefühl diktierte. Die innere Stimme wurde zum endgültigen Leitfaden. Die Umwelt gewährte mir auf diese Weise beinahe alle Wünsche. Vielleicht war man einfach überrascht, dass da einer ohne Umwege und Verlegenheiten sagte, was er dachte.

Auf diese Weise geriet ich sogar in den Verdacht, viel Zivilcourage zu haben. Das war beim weiteren Erklimmen der Karriereleiter ein Riesenvorteil.

So komme ich also zu dem Schluss, dass letzten Endes nicht meine misstrauischen, abwartenden und taktierenden Freunde die Sieger sind, sondern ich. Die innere Stimme hat sich als Master's Voice erwiesen. Manchmal führte sie zwar dazu, dass ich einen halbfremden Bekannten überschätzte; dass ich hergeborgte Gelder nicht wiederbekam oder gar einen der schönsten Oldtimer der Welt verlor. Summa summarum bin ich aber glänzend ausgestiegen. Meine Parzival-Haltung wurde belohnt. Und da ich glaube, es würde jedem anderen auch so gehen, habe ich es als Tipp fürs Leben hingeschrieben.

Tun Sie, was Sie wollen. Handeln Sie danach oder nicht. Aber geben Sie mir nicht die Schuld, wenn es schiefgeht. Es könnte ja sein, dass Ihre innere Stimme schon ganz verstimmt ist und nur mehr die falschen Töne anschlägt. Am Ende verarmen Sie mit meiner Methode. Sollte es tatsächlich so weit kommen, dann eilen Sie zu mir. Ich vertraue Ihnen blindlings. Auch wenn ich Sie nicht kenne – einen Wintermantel, ein Fahrrad, eine alte Baseballkappe und ein neues Moleskine-Notizbuch kreditiere ich Ihnen herzlich gern.

Darf man mit gutem Gewissen faulenzen?

*J*A.
Es gibt dafür viele Gründe, und einer ist besser als der andere.

Fangen wir so an: Einer, der ein Talent zum Nichtstun hat und dies öffentlich zugibt, ist eine erfreuliche

Erscheinung. Er unterscheidet sich strahlend von den vielen Mitbürgern, die dauernd die Arbeit im Mund führen.

Diese Arbeiter-Darsteller sind eine Umweltverschmutzung schärfster Art. Da sie spürbar zeigen möchten, wie wichtig sie sind und wie wenig Zeit sie haben (Der Stress! Der volle Kalender!), werden sie als unangenehm empfunden. In den deutschsprachigen Ländern, in denen tatsächlich überdurchschnittlich viel gearbeitet wird, sprechen viele auch deswegen von ihrer Dauerleistung, weil sie Angst haben, ansonst soziologisch ausgesondert und ins Minderleister-Eck gestellt zu werden.

Was sie, vielleicht aus Mangel an Intelligenz oder Einfühlungsvermögen (oder Zeit), nicht wissen: Man glaubt ihnen nicht wirklich. So wie man einen, der ständig Erotik-Witze erzählt, im Verdacht hat, zu kurz gekommen zu sein, so vermutet man hinter jeder Ich-habe-so-viel-Arbeit-und-Stress-Leier einen Mann in untergeordneten Rängen oder einen, der seine momentane Arbeitslosigkeit überspielen will. Dies ist verständlich und kein Grund für Heiterkeit, aber für die Mitmenschen doch recht unangenehm und demgemäß unhöflich.

Umgekehrt kann man davon ausgehen, dass meist auch jene lügen, die den Faulpelz herauskehren. Sie sind oft Stachanowisten, also Helden der Arbeit, denen ihr Ehrgeiz peinlich ist – oder sie wollen sich einfach von jenen unterscheiden, die unablässig ihr Arbeitsleid klagen.

Am angenehmsten sind jene, die nur aus Höflichkeit über ihre Arbeit sprechen – nämlich ausschließlich dann, wenn jemand mit echtem Interesse danach fragt. Zum Beispiel Frauen, die gerade einen Mann kennenlernten und mit der sachlichen Vernunft ihres Geschlechts abschätzen wollen, ob von diesem Burschen ein Schal aus Kaschmir oder ein Schal aus dem *Second-hand*-Laden zu erwarten ist.

Ein echter, hoch talentierter Müßiggänger ist meist ein fleißiger Mann des Geistes, der trotzdem gerne flaniert, spielerisch seine Gedanken schweifen lässt und darauf vertraut, dass ihm wunderbare Visionen und Projekte zufliegen – die er mit krampfhafter Suche nie finden würde. So einer ist immer auch ein guter Zuhörer. Nicht nur aus Höflichkeit, auch aus Berechnung. Er weiß, dass er nur durch Zuhören was Neues kennenlernt, während alles, was er selbst sagt, ihm logisch bekannt ist, quasi ein alter Hut.

Dieser Typus hat auch begriffen, dass nur jener gut arbeitet, der sich Pausen vergönnt. Besonders selbstsichere Varianten dieser Art nehmen sogar ein oder zwei Mal ein Sabbatjahr in Anspruch, eine echte längere Auszeit – weil sie darauf vertrauen, aufgrund ihres Talents trotzdem ihren alten Job behalten zu können oder schnell einen neuen zu finden.

In diesem Sinne wurde ein einst berühmtes Buch geschrieben, mit dem Titel „Lob des Müßiggangs", eine Essay-Sammlung von Sir Bertrand Russell, der in seiner Zeit (1872–1970) als interessantester Geistesmensch galt. Er war Philosoph und Mathematiker und Literat und Redner und Nobelpreisträger und politisch einflussreich. Seine Stärken waren absolute Verständlichkeit und enorme Heiterkeit, und ein auffällig gelassenes Gemüt – vielleicht ein Grund dafür, dass er fast hundert wurde.

Ein Beispiel, um zu zeigen, wie entspannt und witzig er war: Danach gefragt, ob er das ganze Wissen seiner Zeit in sich trage, sagte er: „Um Himmels willen, nein, ich bin zu keinem Thema perfekt, ausgenommen vielleicht *Leibniz*, über den ich alles weiß" (Leibniz galt zu dieser Zeit als letzter Allwissender).

Seit ich diese Schnurre dem hoch verehrten Freund Heinz Marecek (Multitalent, Theater, Film, TV, Schauspieler, Regisseur, Autor, Übersetzer, trotzdem locker) erzählte, begrüßen wir einander mit dem Schlachtruf: „Ausgenommen vielleicht Leibniz!" Da keiner der Umstehenden den Scherz versteht, werden wir scheu in Ruhe gelassen und können ungestört unsere weinseligen Nachtgespräche führen. Vor Verrückten hat man Angst.

Darf man von sich selbst begeistert sein?

JA und NEIN.

JA, wenn es im Stillen geschieht. Die junge Disziplin „Erfolgs-Psychologie" geht davon aus, dass die meisten Männer und Frauen sich selbst zu streng behandeln, eher unnötige Minderwertigkeitskomplexe pflegen, als von sich selbst überzeugt zu sein. Besser, man lobt sich für das bisher Gelungene – und traut sich noch eine Menge zu.

NEIN, wenn es darum geht, ob man seine Selbstbegeisterung offen zur Schau stellen soll. Dies wird in westlichen Zivilisationen als widerwärtig empfunden – es sei denn, man ist ein berühmter Mann, der dies so witzig über die Rampe bringt, dass man ihn trotzdem mag. Mir fallen dazu auf die Schnelle nur ein Amerikaner und zwei Österreicher ein.

Der Amerikaner ist der Architekt Frank Lloyd Wright, berühmt u. a. durch die Wald-Villa „Fallingwater" und das Guggenheim-Museum in New York. Als er vor Gericht seinen Beruf nennen musste, sagte er: „Ich bin der beste Architekt der Welt. Ich muss dies sagen, weil ich unter Eid stehe."

Nach dem gleichen Muster, aber noch witziger, verfuhr der legendäre Wiener Burgtheaterschauspieler Raoul Aslan. In einem Rechtsstreit (Kritiker Hans Weigel gegen Schauspielerin Käthe Dorsch, die Weigel wegen unfairer Kritik geohrfeigt hatte) sagte er pro Dorsch aus. In souveräner Verkennung, wer Kläger und Angeklagter war, verlangte er die Todesstrafe für Weigel – „und das sage ich, der beste Schauspieler deutscher Zunge." Er wurde dafür von seinen Theaterkollegen sehr gelobt, aber auch gefragt, warum er das mit „bester Schauspieler deutscher Zunge und so" gesagt habe. Auch hier die Antwort: „Ich stand unter Eid."

Die vielleicht kostbarste Selbsterhöhung kennen wir merkwürdigerweise von einem österreichischen Nationalökonomen (ein Berufsstand, der normalerweise in den Keller lachen geht). Joseph A. Schumpeter, mit Werken wie „Theorie der wirtschaftlichen Entwicklung" sowie „Kapitalismus, Sozialismus und Demokratie" berühmt geworden und an der Harvard-Uni berüchtigt als eleganter Herrenmensch und Verehrer chinesischer Studentinnen, gab Folgendes über sich bekannt:

„Ich wollte zeitlebens dreierlei erreichen: Der beste Liebhaber Wiens, der beste Reiter Europas und der beste Ökonom der Welt zu sein. Leider blieb ich zu Pferde hinter meinen Erwartungen."

Gastautor Phil Waldeck:

MÄNNER UND MOTOREN
Gutes Benehmen in Fragen der Mobilität

Darf man einen Traktorfahrer rechts überholen?

*D*ie kluge Leserin, die mir per E-Mail diese Frage sandte, um, wie sie schrieb, die DARF-MAN-Bücher so lang wie möglich zu erleben, war nicht so höflich, wie die Frage suggeriert. Sie dachte an einen schlafenden Traktorfahrer, wenn nicht gar an einen Landwirt, der heiter vom Gastwirt kam.

Auf Autobahnen wäre die Antwort leicht – sagt zumindest meine Herzallerliebste, die Barrieren aller Art gern im Sturmschritt nimmt, wie einst zum Beispiel mich, und kurzen Prozess mit allen macht, die auf dreispurigen Autobahnen die mittlere oder gar die linke Spur blockieren. Die werden rechts überholt, was meinem friedlichen Temperament widerspricht. Sie beruhigt mich mit folgenden Worten: „Das wird vom Gesetz nicht als *Überholung* gesehen, sondern als *Vorbeifahren*."

*B*is heute weiß ich nicht, ob dies ein Scherz ist. Ich habe das Verkehrsrecht schon lang nimmer studiert.

Widerstrebend, jedoch aus objektivem Grund, bin ich aufseiten meiner Holden. Die Linksblockierer auf Autobahnen sind immer Eiferer. Sie halten eisern ihre Tempomat-gesteuerten 130 km/h, wollen damit ihren warnenden Finger heben und den ganzen Verkehr eines Besseren belehren. Auch dort, wo jeder Vernünftige, inklusive der Exekutive, froh ist, wenn sich das Verkehrsknödel lockert.

Die Blockierer sind im Herzen Missionare und Besserwisser und Menschenverachter, die sich immer noch wie Kolonialherren im Kolonial-Kongo fühlen. Sie verachten alle, die anders sind als sie. Oft schicken sie die Kennzeichen der Vorbeifahrenden mit schleimigen Kommentaren an das Verkehrsministerium, diese werden dort aber, wie ich höre, entsorgt. Andernfalls wären die ohnehin überlasteten Gerichte gelähmt.

Der Verkehrs-Blockierer und der nationalsozialistische Blockwart haben eine innere Verwandtschaft. Sie maßregeln, und sie verraten jeden, der sich gegen idiotische Regeln stemmt, mit rundem Rücken nach oben.

Früher glaubte ich noch, die Linksblockierer dämmern auf der Autobahn gedankenverloren dahin, liebe Menschen, die vielleicht grad glauben, wie Joseph von Eichendorff über den Bisamberg zu wandern. Ich saß ihnen geduldig im Genick. Nie verwendete ich die Lichthupe oder gar meine Hupe, die wie eine Horde von Bisons klingt. Irgendwann würden sie mich im Rückspiegel erkennen und erschrocken nach rechts zucken.

Das galt aber nur für zwei von hundert. Der Rest zeigte, dass er wusste, was er tat. So wurde ich am Ende wie meine Frau. Ich fuhr rechts vorbei und dachte an den schönsten Satz von Kierkegaard: „Wehmütig grüßt der, der ich bin, den, der ich sein möchte."

*E*in anderes Kapitel ist der tatsächlich links blockierende Traktor auf der Landstraße. Kann sein, dass er von einem alten, enttäuschten Bauern gefahren wird, dessen Feld die jetzige Straße einst war. Oder der das Gefühl hat, der einzige Mensch zu sein, der arbeitet, während alle Menschen in allen Autos nur Müßiggänger sind, auf dem Weg zum Shopping (Frauen) oder auf dem Weg ins nächste Puff (Männer).

Ihn kann man, glaube ich, legitim nicht überholen. Man sollte es trotzdem auf der nächsten langen Geraden tun, wo man den Gegenverkehr von Weitem sieht. Sonst wird man so genervt, dass man schließlich an einer gefährlichen Stelle den Versuch wagt.

Im Übrigen sollte man entspannt begreifen, dass jedes Rechtssystem auch auf gesundem Hausverstand gründet. Man kann nicht jede Eventualität in Gesetzesform bringen. Wir haben eh schon mehr Paragrafen, als ein Bürger je lesen kann.

Notfalls musst du auch als angepasster Bürger über deinen Schatten fahren. Sonst hältst du im fraglichen Beispiel auch noch all jene auf, die verzweifelt hinter dir fahren.

Darf man trotz windempfindlicher Beifahrerin das Cabrio-Verdeck öffnen?

NEIN, wenn Sie ein Open-Air-Driver vom Typ A sind.

JA, wenn Sie ein Open-Air-Driver vom Typ B sind.

Typ A: Sie haben Ihr komfortables, praktisches Cabrio gekauft, weil Sie zwar ein Weichei sind, aber an hochsommerlichen Tagen den wilden, lufthungrigen Abenteurer spielen wollen, der Frauen angeblich magnetisch anzieht. Da Ihnen das Offenfahren nicht wirklich wichtig ist, werden Sie als höflicher Mensch dem Wunsch der zugempfindlichen Beifahrerin entsprechen und das Dach geschlossen halten. Wahrscheinlich fahren Sie ohnehin ein sogenanntes Coupe-Cabrio (CC) mit Metallklappdach, das in geschlossenem Zustand das Geborgenheitsgefühl einer Limousine schenkt.

Typ B: Sie sind ein echter Offenfahrer mit beinah religiösem Einschlag, ein Evangelist der Zugluft, je heftiger, desto lieber. Sie sind zeitlebens wilde Roadsters und kräftige Cabrios gefahren, gern auch Oldtimer-Sportwagen, die gar kein Verdeck haben, das man schließen könnte, sondern nur ein flaches Spritzverdeck mitführen, das den geparkten Wagen vor Regen schützt. Sie sind ein Mann, der selbst die optionalen Weichei-Windschotts verachtet, die hinter dem Cockpit hochgeklappt werden können, um Luftwirbel zu besänftigen. Selbstverständlich fahren Sie auch im Regen offen, denn Sie beherrschen den Trick, dabei trocken zu bleiben: einfach schneller fahren als bei Sonnenschein, dann reißt es die Wassertropfen über Pilot und Beifahrer hinweg.

Es liegt auf der Hand, dass Sie als Typ B nicht einfach den Wunsch einer dahergelaufenen, zickigen Beifahrerin erfüllen können, das Verdeck zuzumachen. Alle anderen Höflichkeiten werden Sie als Gentleman gewähren. Sie werden sexuell zudringlich sein, wenn die Gnädigste dies wünscht, ihr gern auch eines der scharfen *Fisherman's-Friend*-Bonbons schenken (Werbeslogan: „Sind sie zu stark, bist Du zu schwach"), die zarten Frauen für Stunden die Stimme rauben. Sie werden weltmännisch eine Zigarette aus der Tabatiere offerieren, zumal Sie als Open-Air-Profi neben dem noblen Downtown-*Dupont* auch ein Sturm-*Dupont* besitzen, das selbst bei Windstärke 10 zuverlässig Feuer gibt. Sie werden der Co-Pilotin sogar erlauben, am Abend das Motel-Zimmer mit Ihnen zu teilen, obwohl ihre Frisur nach längerer Offenfahrt doch sehr gelitten hat.

Fazit:
Sie werden als vollendeter Gent an die Grenzen der Dienstleistung gehen, aber selbstverständlich niemals mit zugemachtem Verdeck fahren, solange es nicht hagelt. Sie haben Ihre Open-Air-Affinität ja nicht grundlos erworben. Sie wurden zum Frischluftfahrer, weil Sie sich in verlöteten Schüsseln so fühlen wie Kriegsgefangene in den Bambus-Käfigen Indochinas, wo man weder liegen noch stehen noch sitzen kann und in der Hitze verrückt wird. Ein unerträgliches Gefühl der Unfreiheit, das Fahrer von Limousinen und Vollblech-Coupes freiwillig auf sich nehmen, wie auch den muffigen Mief, den diese Autos mit Bassenawohnungen teilen.

Als besonders höflicher Open-Air-Freak führe ich für windempfindliche Beifahrer eine geräumige rote Versace-Lederjacke mit Kapuze mit, nebst Sportbrillen mit gebogenen Gläsern, die schöne Augen vor Zugluft schützen. Dies gilt allerdings nur für den Fall, dass die meist kargen Kofferräume meiner Roadsters nicht schon mit Schreib- & Foto-Werkzeugen und meiner Abendgarderobe belegt sind.

Ein besonderes Kapitel sind auch in dieser Frage die Erbtante und der Erbonkel.

Der Erbtante sollte man klugerweise den Wunsch erfüllen und das Verdeck schließen. Sie hält jeden Widerspruch für Lieblosigkeit und denkt schnell an eine Änderung des Testaments. Genau umgekehrt läuft es beim Erbonkel. Diesem imponiert, wenn sein potenzieller Erbe Widerstand leistet. Das spricht für seinen Charakter und unterscheidet ihn angenehm von den Schleimern, die wohlhabende ältere Herrschaften so zahlreich umgeben.

Außerdem finden die alten Herren es gar nicht so unangenehm, im Schutz einer Versace-Jacke dem Wirbelwind ausgesetzt zu sein. Sie fühlen sich dann wie junge Hunde. Obwohl dieses Gefühl nach einer langen, offenen Regenfahrt oft der letzte Irrtum eines langen Lebens war.

Darf man große Autos grün nennen?

*J*A, ganz entschieden. Ich darf dies ohne Wenn und Aber so sagen. Denn ich wurde gemeinsam mit meinem Haberer Helmut A. Gansterer gebeten, dieser Frage auf den Grund zu gehen. Und zwar von *FOCUS*, dem großen deutschen Nachrichtenmagazin neben dem SPIEGEL.

Wir schoben alle Vorurteile beiseite und tauchten tief in die Welt der Fakten ein. Und schrieben dann die Kolumne „Groß ist grün". Das hat die *Focus*-Leser krass polarisiert. Begeisterung und Abscheu hielten sich die Waage. Inzwischen schlossen sich viele Vernünftige den Argumenten dieser Kolumne an, weshalb es sinnvoll sein mag, sie im Rahmen der DARF-MAN-Reihe noch einmal in Erinnerung zu rufen. Bilden Sie sich bitte Ihr eigenes Urteil.

**Groß ist grün – Plädoyer für Audi A8, BMW 7,
Mercedes S, Porsche Panamera & Co.**

*E*ine Grundfrage, die uns Tag und Nacht wach hält, lautet: „Dürfen wir noch Autos mit starken Motoren fahren?" Antwort: Ja. Es kann viel Vernunft darin liegen.

Fangen wir so an: Aristokraten haben einen uralten Sinn für Qualität. Ein Blaublut-Prinzip lautet: *Wer das Beste kauft, kauft billig.* Das blieb gültig vom Schuh bis zum Auto. Kein Baron hat jemals einen Geländewagen mit dem kleinsten Motor angeschafft, nur weil dieser weniger Treibstoff verbraucht. Man denkt dort langfristig. Man hält Weisheiten in Ehren, die man im Umgang mit Pferden gewann. Beispielsweise: „Man ackert nicht mit Ponys."

In den vier Dynastien seit der Erfindung des Autos begriffen die Wald-Aristos: Ein großer, starker Motor, der sich mit härtester Forstarbeit spielt, statt ständig im Bereich seiner Höchstleistung zu winseln, verlängert die Lebensdauer aller Teile der Karre. Die Struktur der Fahrzeugzelle wird dann nicht durch einen hochfrequenten Heul-Zwerg zerrüttet, sondern greift die Gelassenheit des großen Motors auf. Ein Beispiel: Der professionelle, stark motorisierte Offroader *Mercedes G.,* Jäger und Militärs zwangen Daimler, die Produktion aufrecht zu halten. Umgelegt auf Arbeits-Leistung und Lebensspanne ist der „G" ein Schnäppchen, trotz hohen Preises und roher Trinksitten. Seine ökonomische Würde ist unanfechtbar. Um zu erkennen, dass er auch „grün" ist, gehen wir vom Wald auf die Autobahn – zu seinen Brüdern, den großen Limousinen.

*W*ir sehen auf den Autobahnen viele elegante Limousinen älteren Datums. Autos mit starken Motoren sind immer grandios in Schuss, weil ständig unterfordert. Man kennt Audis, BMWs, Mercedesse, Porsches und VW-Phaetons, auch moderne Jaguare und neu-deutsche Bentleys und Rolls-Royces, die eine Million Kilometer hielten. Und später noch in Damaskus ein zweites Leben fristeten.

Die lange Lebensdauer schiebt den Moment des fabrikseitigen Modell-Wechsels und kundenseitigen Auto-Tauschs hinaus. Ehe eine moderne Großlimousine zugrunde geht, hat der grüne Herr Stadtrat sein fragiles Zwergauto dreimal gewechselt. Die Produktion der Zwerge kostet in Summe mehr Energie und CO_2. Alles in allem sind die Großen grüner als die Kleinen. Zumal im hohen Preis der Luxus-Limousinen die wirksamsten Grün-Techniken Platz finden; neben Hybriden beispielsweise feinstufige Automatik-Doppelkupplungsgetriebe. Diese halten die Motor-Drehzahl ohne Zugkraftunterbrechung im effizienten Bereich des höchsten Drehmoments. Folge: erfreuliche Schluckhemmung und die Sauberkeit eines Hundezahns.

Endgültig überlegen sind die Fünf-Meter-Mammuts, wenn uns Menschenleben lieb sind. Darf man auch Humanes in eine ganzheitliche Bilanz einbringen? Die starken Motoren und aufwendigen Fahrwerke sorgen für *aktive Sicherheit*, die geräumigen Hüllen für allerhöchste *passive Sicherheit*. Nicht nur Unternehmer und Politiker, die oft auf 100.000 Kilometer pro Jahr kommen, schätzen die Großen. Auch Künstler lieben ihre vorteilhaften Effekte. Ästhetik-Professor Bazon Brock weiß sein edles Denkerhaupt im BMW X5 wohlgeborgen. Glenn Gould schätzte die perfekte Stille seines Lincoln Continental Mk.II. Und Adrienne Gessner fand einst sogar den Charakter ihres Burgtheater-Kollegen Josef Meinrad durch ein großes Auto veredelt: „Seit der Pepi seinen Rolls-Royce kaufte, ist er noch bescheidener."

Kleinautos sind possierlich, liebenswürdig und gut für die Stadt. Sie auch überland (und für die Wälder der Blaublüter) zu propagieren, wäre ein Irrweg. Dort wären sie eine Verschlimmbesserung wider Emotion und Vernunft.

Darf man ein sogenanntes Luxus-Auto um die Ecke parken?

*J*A, zur Sicherheit. Man fährt nicht gern in einer großen Limousine à la Mercedes S, BMW 7, Audi A8, VW Phaeton, Jaguar XJ oder einem wertstabilen Porsche 911 vor. Man will keinen Neid der Anrainer wecken, auch keine Vertriebspartner verstören, die angesichts des Autos vielleicht glauben, zu viel für die Ware zu bezahlen.

Es gab eine kurze, liberale Zeit zirka Mitte der 1980er-Jahre, da grundsolide Luxusautos als Zeichen für Erfolg und kaufmännisches Denken positiv besetzt waren. Das hat stark nachgelassen.

Ein Freund, der mit Zubehörprodukten ein erfolgreicher Unternehmer ist und derzeit BMW 7 fährt, sagt: „Ich bleibe sicherheitshalber einen Block vorher stehen und komme zu Fuß an, angeblich per Taxi. Das mache ich sogar bei Kunden so, die selbst einen Bentley fahren, und in der Freizeit eine Chevy-Corvette. Sie sehen es gern, wenn ich ärmer auftrete als sie. Und die Basis-Grünen im Betriebsrat haben keinen Grund, gegen mich als Zulieferant zu opponieren. Das ist zwar beschämend, weil es ein wahrheitswidriges Theater ist. Aber als Unternehmer, der seine Firma gut durch die Zeit bringen will, gehe ich keine Risiken ein."

Er macht dies selbst in Kleinstädten so, die noch keine Parkplatznot kennen und pro Kopf wohlhabend sind. Die guten, großen Autos sind nicht der Vernunft, sondern der Psychologie ausgesetzt.

Darf man seiner Holden
ein beliebiges Motorrad zumuten?

*J*A. Bei aller Emanzipation ist die Wahl des Familien-Bikes eine Sache des Mannes mit A-Führerschein. Die erfreuliche Tatsache, dass immer mehr Frauen selbst zu Bikers und Scooters werden, hat darauf keinen Einfluss. Im Gegenteil. Da die bike-affinen Damen nun selbst fahren, haben die reinen Sozias erst recht zu nehmen, was sie kriegen.

Sie müssen darauf ihre Garderobe einstellen. Eine einteilige Schwabenleder-Kombi, wenn der Göttergatte noch eine *Supersport* wie die BMW 1000 S fährt. Eine tolle Stadler-Evo-Textil-Kombi, wenn er die KTM-Weltreise-Enduro-1190-Adventure bewegt. Oder eine lässige, abgeschabte, kackebraune Lederjacke zu blassen Jeans, wenn er Retro-Bikes wie Moto Guzzi V7 Classic, Kawasaki W 800, Triumph Scrambler oder Honda 1100 CB fährt.

Soweit die Theorie. Sie hat, wenn man dies so sagen darf, die Rechnung ohne die Damen gemacht. Es gibt zwar Hascherln (Kindfrauen, Anmerkung für die deutschen Leser), die alles anziehen, was ihnen der Pilot kauft, doch die meisten Beifahrerinnen sind störrisch. Sie beharren auf Kleider, in denen sie besser aussehen. Weshalb wir auf Ferdinand Fischers Harley-Charity-Tours oft Ladys im Bikini sehen, beim Harley-Treffen am Faaker See auch ohne.

*I*ch bin insofern der ärmste Hund, als meine Holde alle Bikes kennt. Sie fährt nicht selbst. Und fährt mit keinem anderen Biker als ihrem unfallfreien Herzibinki. Gleichwohl nervt sie. Sie wurde durch Verwöhnung dekadent. Neun von zehn Bikes verweigert sie. Sie mag nur Motorräder der Zeit unserer ersten Liebe. Sie weint der BMW K 1200 LT nach. Für sie das „höflichste Motorrad aller Zeiten". Es stellte sich hydro-pneumatisch selbst auf den Hauptständer, wenn man landete, und leuchtete als *Home-Light* für einige Minuten die Stellfläche aus, sodass man niemals in Hundstrümmerln trat.

Als die teure LT aus dem BMW-Programm gestrichen wurde, ging die Liebe meiner Holden auf die Honda Goldwing 1800 über, mit der wir erstmals den Fuschlsee umrundeten. Am *Goldflügel* liebt sie speziell die getrennte Sitzheizung. Sie will den allzeit warmen Popo, ich hasse die Eierkocher. Außerdem mag sie den Rückwärtsgang, der elektrisch vom Startermotor besorgt wird. „So können wir überall parken", sagt sie. Und im riesigen Koffer-Set der Goldwing finden alle Weiber-Kleider Platz.

Wenn du nicht grad reich oder ein Tester der *autorevue* bist, bringt dich eine Zicke wie sie in die frühe Insolvenz. Die Honda Goldwing 1800 kostet 30 Kilo-Euronen.

Darf man als Biker die Scooters beleidigen?

*N*EIN.

Ich war im Sommer 2013 unterwegs, um hochwasser-gefährdeten Freunden zu helfen. Das brauchte Allrad-Geländeautos, kein Zweirad. Dennoch blieb ich dem Thema verbunden. An einem der erschöpften Abende fackelten wir die Frage „Motorrad oder Roller?" ab: er-schreckend unversöhnlich, nur schwarz und weiß, hopp oder dropp.

Meine Fahrerlebnisse zwingen zu einer dialektischen Versöhnung: *sowohl als auch*. Da die Bikers besonders starr in der Ablehnung der Roller waren, ergreife ich hier die Partei der Scooters. Ich fuhr, abgesehen vom schlanken Bestseller Vespa 300 GTS, meist mollig-resche Komfort-Roller wie Honda SW-T 600, Yamaha T-Max, BMW C 650 GT, Suzuki Burgman 650 und Piaggio X10.

Die Vorzüge der Scooters für City und Umland sind evident. Sie sind ein Sorglos-Paket, das Bikes nie sein können. Du wirfst deine Arbeitstasche und ein weit geschnittenes, dünnes Regen-Kondom in die Stauräume unter der Sitzbank, steigst mit stadtfeiner Kleidung und Trenchcoat (besser: *urban scooter coat* mit entnehm-baren Protektoren) auf und fährst mit automatischem Getriebe los. Für City-Termine bist du wegen der Um-standslosigkeit *king of downtown*. Motorräder brauchen längere Zurüstzeiten, sind aber unersetzlich für sport-liches Fahren und längere Reisen. Rollerfahrer akzeptie-ren das. Die Bikers tun sich umgekehrt noch schwer – bis endlich beides in ihrer Garage steht. Dann begreifen sie, dass es keine feindlichen, sondern ergänzende Geräte sind.

Obwohl selbst eher Biker als Rollerfahrer (nach Kilometern im Verhältnis 7:1), empfehle ich den Bikers künftige Höflichkeit. Die Roller haben die Zweiradfraktion dramatisch belebt.

Ein spezieller Roller verlängert sogar die Schräglagen-Saison um zwei Monate: der ausgereifte 3-Rad-MP3 von Piaggio. Er bietet zwei Vorteile. Er darf in der Version LT von Nur-Auto-Führerschein-Besitzern gefahren werden. Und erlaubt mit seinen parallelogramm-geführten Vorderrädern eine Schräglage von 40 Grad, bei zirka 30 Prozent mehr Brems-Griff. Ich teste im kommenden Winter die schärfste von vier Varianten des MP3 (ab 125 ccm), die 500er mit 40 PS und allen Winter-Goodies. Die *autorevue* wird berichten.

Darf man als E-Biker andere Radfahrer ärgern?

JA. Dies ist sogar ein wesentlicher Grund, 1000 oder 2000 Euro mehr auszugeben als für einen guten normalen Drahtesel.

Für Gestrige: E-Bikes oder „Pedelecs" sind Fahrräder mit Elektromotor, die deine eigene Tret-Arbeit unterstützen, im höchsten Zuschuss mehr als verdoppeln.

Unvergesslich mein Initialerlebnis. Ich verdankte es dem österreichischen Edel-Fahrradproduzenten KTM. Die Unternehmerin Urkauf-Chen und der legendäre Ex-

Geschäftsführer Spießberger hatten mich als idealen Botschafter des E-Bike-Gedankens erkannt: Medienmann, Vielarbeiter, Stressman, übergewichtig, nach Jahrzehnten als Barfly ein Wiedereinsteiger in gesunden Sport, um möglichst hundert Jahre alt zu werden.

Schon am ersten Tag ein Schlüsselerlebnis. Es passte perfekt zu meinem Charakter, in dem Bosheit und Schadenfreude überwiegen. Auf dem KTM e-Cross nahm ich den steilen Anstieg von Langenzersdorf zum Magdalenenhof auf dem Bisamberg. Auf halber Höhe überholte ich einen Rennrad-Profi. In den Sekunden des Überholvorgangs blickte ich in seine Augen. Ich sah in die Seele eines Mannes, der seines Lebens nicht mehr froh sein würde. Ich wollte ihn trösten, musste aber weiter, hinauf zum Magdalenenhof, wo Reinhold Gerer damals wunderbar aufkochte. Nie schmeckte mir sein Salonbeuschl besser als nach getaner Sportarbeit.

Mittlerweile habe ich als Evangelist des E-Bike-Gedankens gewirkt. Ich schrieb Bekenner-Texte u. a. in „trend", „profil", „autorevue" und „Schau-Magazin". Tendenz: „Ein Jahrhundertprodukt wie Auto, Motorrad, PC, Smartphone und i-Pad". Ich bekehrte Freunde, die im E-Bike fälschlicherweise ein Invaliden-Fahrzeug sahen. Das Gegenteil ist der Fall. Du kannst dich beliebig anstrengen. Mit ausgeschaltetem Elektromotor hast du sogar ein Bleiwestentraining. Die E-Bikes wiegen zwischen 21 und 30 Kilo.

Ich verzeichnete zwei wesentliche Vorzüge, die es vor dem E-Bike nicht gab. Erstens reine Freude, weil Spaßbremsen wie Hügel und Gegenwind ihren Schrecken verloren. Zweitens die medizinische Sensation: Du musst als verrotteter Nichtsportler beim Wiedereinstieg keinen Herzinfarkt fürchten. Auch Steigungen bewältigst du im idealen Fettverbrennungs-Puls. Nebeneffekt nach zwei Jahren: 5 Kilo minus, weitere 5 Kilo Fett in Muskeln verwandelt. Das ist nicht aufregend viel, beinah enttäuschend. Man muss dies aber spiegeln: Ohne E-Bike-Freuden hätte ich jene 10 Kilo heute zusätzlich zum Ausgangsgewicht. Das sind schon 20 Kilo und aller Ehren wert.

Ich mag das E-Bike auch als Europäer. Speziell die deutschsprachigen Länder exzellieren, nicht zuletzt Österreich. Selbst Fein-Ästhet Richard Winter, Boss von Gramola und dort Schöpfer musikalischer Kostbarkeiten, vertreibt Design-E-Bikes in Mattschwarz, „Acies" genannt nach dem heimlichen Nachfolge-Quartett des legendären Alban-Berg-Quartetts. KTM ist mit Fahrrädern und E-Bikes ein *Big Player*. Mein *e-Fun* von KTM geht ins dritte Jahr. Vom idealen Fahrradhändler DI Wolfgang Pink (Stetten-Korneuburg-Stockerau) gepflegt, zeigt es keinerlei Schwächen. Der Akku als wesentlicher Kostenfaktor ist stark wie am ersten Tag.

Mein momentaner Darling: *Puch Kraftwerk 8G 36V.* Piaggio-Importeur Josef Faber hat die österreichische Traditionsmarke wiederbelebt. Das große E-Bike trägt mich, aufrecht sitzend, wie ein Federl. Und bescherte mir gestern (wir schreiben August 2013) mit seinem mächtigen Akku ein zweites Erweckungserlebnis. Am Ende des Tages war ich 80 Kilometer gefahren, mit Akku-Reserven für weitere 15 Kilometer. Wohl konnte ich nicht mehr sitzen noch liegen. Ich schlief im Stehen.

Doch 80 Kilometer? Das war noch vor zwei, drei Jahren, als ich zum Magdalenenhof hochfuhr, ein feuchter Traum, unerreichbar.

Darf man im Cabrio rauchen?

JA, LOGO, CLARO. Wer Cabrios, Kabrioletts und Roadsters zu seiner Lebensphilosophie erhob, zeigt schon damit, dass er einen weit offenen Himmel ohne Restriktionen braucht.

Und dass er mit Begeisterung seine roten und weißen Marlboro 100 raucht, ist nicht abwegig. Er baut damit den schädlichen Sauerstoffüberschuss eines offenen Mercedes SLK AMG ab, was die Lunge in heimeliger Waage hält. Dass ich die Frage überhaupt zuließ, hat mit meinem schlechten Gewissen zu tun, das meine Holde wach hält und hegt und pflegt.

Wir sitzen friedlich beim späten Frühstück auf der Terrasse. Ich habe eine Prärie-Auster vor mir, um den Kater der vortägigen Geburtstagsfeier der Zwillings-Kinder in einem mexikanischen Lokal der Josefstadt zu kurieren. Durch den blauen Rauch meines Frühstücks-Tschicks mustere ich segnend die verspielten jungen Stiere, die wir für spanische *Corridas* züchten, und die in Andalusien in hohem Ruf stehen, weil sie jeden Torero töten und nach drei toten Toreros im Privat-Jet von Juan Carlos in die Heimat zurückgebracht werden, nach Schwechat Airport, wo sie mit glücklichem Gebrüll landen und keine Stunde später in jenem *corral* stehen, in dem sie geboren wurden, und wo sie den Kühen Geschichten aus Córdoba erzählen, die diese nicht glauben.

Ich sollte nicht vom Weg abkommen. Zurück zum Thema. Meine Holde, die objektiv gesehen die schönste Frau der Welt ist, aber das gleiche miese Lächeln kann wie die *Gioconda* von Leonardo da Vinci, schiebt mir die NÖN über den Frühstückstisch. Die aktuelle Wochenausgabe der „Niederösterreichischen Nachrichten", Lokal-Special der Region. Dort ist die Rede von einem Flurbrand zwischen Autobahn und Eisenbahn. Und wie die tolle FF Langenzersdorf das Inferno löschte.

„Wo warst du damals?", fragte sie.

„Ich war mit dem 911-Turbo-Cabrio in Ternitz, mein Herz, wo ich Schwester Annemarie und Neffen Robert auf ein Schnitzel ins Lambrechter-Wirtshaus führte. Es war recht eng im Cockpit."

„Ah-ja-richtig", sagte sie, aber ich begriff den Sinn ihrer Frage. Fünf Jahre zuvor hatte sie mir statt der NÖN die Tageszeitung *Nice-Matin* hingeschoben, mit ähnlichen Nachrichten, nur dramatischer. Da brannte an der Côte d'Azur das ganze Hinterland. „Schon komisch", sagte ich damals zur Holden, „dass wir immer genau dann Nizza und die Sammlung *Maeght* in St. Paul aufsuchen, wenn diese schrecklichen Waldbrände passieren."

Die Schönste hat mir damals einen Hightech-Ascher geschenkt, der in Becherhalter passt und jeden Tschick mit elektrischem Vakuum schnupft. Das ging nicht ohne Verlust. Ich verlor meine wesentliche Trainings-Einheit.

Sie lag daran, den Tschick nicht einfach faul über die Türkante auf die Straße fallen zu lassen, sondern sie hochzuwerfen in den tosenden Luftstrom. Das geht mir immer noch ab. Und manchmal holt mich die Vergangenheit ein. So warf ich auf der Terrasse den glühenden Stummel über die Schulter. *La Bella* stand auf, ihn zu suchen. Was sie murmelte, verstand ich nicht. Im fantastischen STS-Song „Großvater" sagt dieser über die Oma: „Ich muss nicht alles hören, was sie sagt."

Darf man andere Verkehrsteilnehmer inbrünstig hassen?

*J*A. Und zwar hundertmal am Tag. Man sollte den Hass auch laut herausschreien. Und zusätzlich darüber nachdenken, warum man zehn Finger und eine Faust hat. Allein dies garantiert, dass man nicht übermorgen an Magengeschwüren zugrunde geht. Es soll Menschen geben, die den Schwachsinn der Verkehrskollegen mild tolerieren und schweigend abfedern. Das sind jene, die mit 20 sterben und mit 80 begraben werden.

Es ist auch gesund, den Hass korrekt zu verteilen, je nachdem, in welchem Vehikel man sitzt. In meinem Fall funktioniert das perfekt. Als Autofahrer hasse ich Bikers und Scooters und Fahrradler. Als Biker, Scooter und Radler hasse ich ebenfalls alle anderen. Das heißt, man hasst oft jenen, der man vielleicht vor einer Stunde noch selber war.

So what?, sage ich darauf. So ist das Leben. Gestern blockierten Dumpfgummis den Floridsdorfer Spitz. Ich hatte es eilig, auf dem Weg zum großartigen Italiener *Tartufo*. Ich litt unsagbare Qualen, das Risotto schon in der Nase, den Barbera am Gaumen. Dann mein haltloser Urschrei – und der Tag war gerettet.

Ecowin wurde 2003 als unabhängiger Verlag gegründet.

Wir konzentrieren uns auf spannende Autoren,
die zu spannenden Themen und Entwicklungen unserer
Welt einen Beitrag leisten.

Die Vielfalt der Meinungen sowie der Diskurs unter den
Autoren und innerhalb des Verlags sind uns viel wichtiger
als das Vertreten nur einer Denkweise.

Wir investieren in langfristige Beziehungen mit unseren
Autoren, Herstellern und Buchhändlern.

Bis heute haben wir weder Verlagsförderung beantragt
noch erhalten.

Als österreichischer Verlag produzieren wir von Beginn an
ausschließlich umweltfreundlich* in Österreich.

Nichts ist für uns spannender als das nächste neue Buch.

HANNES STEINER
VERLEGER

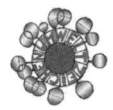

* Wir freuen uns, dass die Druckerei Theiss unsere Bücher nach den Richtlinien des österreichischen
Umweltzeichens herstellt (UW-Nr. 869). Sowohl die Materialien als auch die Produktion entsprechen
dem hohen österreichischen Umweltstandard.